読んで旅する よんたび

タイランドクエスト

てくてくローカル一人旅

小林眞理子

大和書房

✴プロローグ

好きな場所で仕事もこなせるとしたら？

２０１０年中ごろから職場のロケーションを選ぶ人は増え始めた。

それはマンガ家も同じだ。

ひと昔前までは、１つの場所に皆で缶詰になって紙の原稿を仕上げていたが、今はネット環境とiPadさえあれば基本的にどこでも仕事場になり得る。実家でも電車でも飛行機でもホテルでもお寺でもビーチでも森のコテージでも、そしてタイでも。


私、小林眞理子《こばやしまりこ》はその恩恵に預からせていただいたマンガ家だ。

当時の私はほかのマンガ家のアシスタントやイラストを仕事にしていた

のだが、仕事場が固定されなくなってどこでもいいならどこかへ行こう、と思い始めた。

国内でもよかったが結局コストは海外と変わらない。なら、海外に行ってみようと思った。


国選びの基準は、何はともあれ寒くないこと。

なので、必然的に南国。

生活費が比較的に安く抑えられるということ。あと、治安のいい親日国であることに加えて通信や交通のインフラが整っていることも重要だ。

タイはそのすべてを兼ね備えていた。

さらにタイは、南国特有の大らかさと包容力、臨機応変で豊かな感性に溢れた国民性、それでいて、どこか冒険心をくすぐるほんのりスリリングな日常。あと、とにかくおいしいご飯と果物があった。

私はタイに頻繁に行くようになった。

といっても、最初は数ヶ月に1回、1週間ぐらいのタイ滞在だった。また、滞在先も泊まったことのある首都バンコクや、観光客が多い地区に限っていた。

なんとなく、行っても1週間ぐらいのもんだろう、と。それ以上長く行くのは日本の社会人としてはあるまじき行為だと感じていた。基本的に仕事のない、もしくはそこまで忙しくない期間にタイに行く。

たとえ滞在中に飛び込みで入ってくる仕事があっても対応できるし、くらいのノリである。

そんな中、私は帰りの飛行機に乗り遅れたことがあった。

血の気が引き、一瞬でお腹を壊したようなゾッとした感覚が身体中を襲った。しかし、よく考えたら、何も焦る必要なんかなかった。その当時、2週間後に弟の結婚式を控えていた。「まあ、それに間に合えばいいや」。そう思った瞬間に、「日本の社会人としてあるまじき行為」という勝手に自分で作っていたバイアスが消えた。

そもそも仕事ならどこでもできる。飛行機代は痛かったが、それは自分の固定観念を消し去るための代金だと感じた。

それ以来、滞在期間は1週間が10日になり、2週間になり、1ヶ月単位になり、気がつけばノンビザでの年間滞在の可能日数の上限を超えたことから観光ビザで滞在するようになった。

滞在期間が延びれば、その分どこかに行ける時間も増える。地方都市や島などにも足繁く訪れることになった。

そうすると、どうにもできない歯がゆい問題が生まれた。帰国して、タイで起きた面白い体験を友人に話しても、ほぼ通じないのである。そもそも皆、タイという場所にイメージが湧かない、実態を知らない人がほとんどなのだ。ある人は「お腹を壊すかもしれないのに、なぜそんな場所に行くんですか」と聞いてくる。どうやら未開の地だと思っている。「海？　タイに海があるんですか？　暖かいんですか？」あんな美しい海を知らないのか。いかん、これは様子を伝えられるように絵とともにエピソードを描いて、タイがどんなに楽しい場所なのかを日本に知らしめる必要があると感じた。そんな思いから、行く先々で得た雑感をエッセイマンガにして

X（旧Twitter）にあげ始めるようになった。少しずつ応援してくれるフォロワーが増えていき、ワニブックスから『タイのひとびと』を刊行することになり、そのあとKADOKAWAで『ソイ・ストーリー』の連載が始まった。そして今にいたる。

淡々と書いてしまったが、タイで色々とあった悲喜こもごもの一端は本書内でできる限り克明かつスリリングに触れている。コバヤシスタジアムのロイヤルリングサイドで楽しんでいただけたら幸いだ。

よりリアルな臨場感を得る助けとして、タイとはどういう国か、をザッとまとめてみた。

タイ王国は人口約7000万人の仏教国。

王国だから王様がいる。

王朝の名称はチャクリー王朝といって、現在はラーマ10世となる。

お金の単位はバーツで、硬貨や紙幣の表側にその肖像が描かれている。

首都はバンコク。

名目GDPの半数はこのバンコクが占める。また、国民の約10%がバンコクに住み、1人当たりGDPもバンコクと地方では4～5倍ほどの格差がある。

北部からこの巨大な街を縦断するチャオプラヤー川の東部に王室や商業施設などがあり駐在員や出張のビジネスマン、観光客などの外国人は主にこちら側に滞在している。

熱帯モンスーン気候で高温多湿、年間平均気温は約29度。暑季（3月～5月）、雨季（6月～10月）、乾季（11月～2月）と3つに大別される。

30度をガンガン超えてくる暑季と違い、乾季は割と涼しく過ごしやすい。北部の朝方はダウンジャケットを着てちょうどよかったりする。

実際、ごくまれではあるが凍死者が出ることもある。

タイの仏教は上座部仏教であり日本の大乗仏教とは違う。

簡単にいうと上座部仏教では厳しい修行が必要とされており、その修行中である僧侶はタイ社会では特別待遇を受ける。

ほかにもムスリムも多くいて、キリスト教の教会もちょこちょこあるし、日本発祥の仏教を信仰している人もいるし、そのほかにも精霊信仰もあったりする。


とまぁ、ここまで編集のオイカーさんの指示でタイについての説明を教科書的に書いたところで気づいたのだが、こういった基本情報はネットで調べた方が確実なので、あとは適宜そちらをご参照願いたい。

そして、ここから先は自分のフィルターを通したタイの説明に切りかえようと思う。


私がタイにいるときはやはりバンコクにいることが多い。

王宮、寺社、2つの国際空港、巨大なオフィスビル群やショッピングモール、ホテル、大学、インド人街、中華街、いたるところに点在するセブンイレブンやスターバックス、ほんの数年で100駅以上が増え、引き続き拡大している電車の路線、早朝から活気に満ちた市場、そこで托鉢《たくはつ》を行う僧侶の一行、様々な国からやってきた様々な人種、半世紀以上前の情緒が色濃く残る裏道や川沿いの風景、地元全体で面倒を見られているたくさんの野良犬や野良猫、そんなまるで万華鏡のような街である。

バンコクの下町、ディンデーンという地区に私の定宿はある。宿は月1万5000バーツ(=約6万円)のサービスアパートメントだ。サービスアパートメントとは家具とフロント及びメイドサービスがついた宿泊施設のこと。

宿泊費は日割りだともう少し高いのだが、おサイフ事情から大家のおばちゃんのお情けで安くしてもらっている(サービスアパートメントについては別に詳しく書いてあるのでそちらを参照されたい)。

バンコクでの私の主な1日のスケジュールは、ノックガーワオという鳥の〝ホエヨ〟という独特な鳴き声と共に7時前に起床することから始まる。

身体は資本、起きたらまず軽くトレーニング。宿には小さいながらもジムスペースがあり、そこには年季の入った筋トレ器具やランニングマシンがあるのだ。

週に2回はチャトチャック公園かルンピニー公園という大きな公園までMRTという地下鉄に乗って移動し走りに行く。

公園内には日本ではあまり見かけない南国の鳥やリスや亀、ミズオオトカゲという大型犬くらいのサイズのトカゲがそこら中にいる。そんな熱帯の動植物を楽しみながら、それぞれの公園のランニングコースを40分ぐらいかけて一周するのはちょっとしたアトラクションだ。たまに老人会がやっている太極拳に参加することもある。

帰路、タイ人の友達が宿の近所にあるムエタイ（タイの国技、ヒジ打ちもあるキックボクシングのような立ち技格闘技）のジムの前でフルーツジュースの屋台を営んでいるので、そこでダベりながら新鮮なビタミンとミネラルを補充する。

宿に戻ってシャワーを浴び、テキトーな格好に着替えたら、今度は朝ごはんを買いに行く。

近くの屋台でカイジャオという夕イ風オムレツの弁当を買うか、またはネームという酸味のあるタイ風ソーセージにするか、少し豪華に炭火焼きチキンにするか、はたまたグアイティアウ（麺類）にするか悩みに悩んでどれか1つを選んで買って帰る。

朝ごはんはプールサイド近くの共用の大きな木製のダイニングテーブルで食べる。タイはアカシアやマツ、チークやゴムノキなどの名産地であり精巧かつ威厳のあるデザインの木製品をよく目にする。大家の家族のタイ人や、ほかの長期滞在しているファラン（タイ語で西洋人の意味）の客などと世間話をしたりする。

大体ここまでが午前中の基本的なルーティン。正午以降は暑くなるので、なるべくアウトドアなことは朝の涼しい時間に済ませるのだ。以後は自室やカフェなどで夕方まで執筆作業に入る。

自室作業のときに途中お腹が空いたら、一歩外に出るだけで屋台や食堂はよりどりみどりだし、GrabやLINEなどのアプリを使って食べ物の注文もできる（Uberは東南アジアから撤退済み）。

たまに大家のおばちゃんが「これ食え」といって、手作りのカオパッ（チャーハン）やガパオ（炒めたひき肉かけごはん）にカイダオ（タイ風目玉焼き）を乗っけて持ってきてくれたりする。

この国では食に困ることはない。

すっかり暗くなり疲れたころには、いったん執筆を終えて夕ごはんを食べにいく。

やはり安ウマなので近所の屋台や食堂が多いのだが、夜市に行ったりマッサージに行ったり、スクーターで少し遠出する選択をすれば選択肢は無限に増える。大体夜に買うのは、練乳たっぷりのロッティー（タイのクレープ）を物欲しそうな目で見つめつつ、カロリーを気にして屋台の温かい豆乳が多い。そのあと、執筆の残りをやって22時ごろに寝支度をし、23時30分には寝る。

と、私のバンコクでの基本的な生活はこんな感じである。と同時にこれが私の目を通したタイについてである。ほんの一部ではあるが。

ある日のわたし
ホエヨ
ノックガーワオ
（オニカッコウ）
起きる
ミズオオトカゲ
はしる
やすむ
アボカド
スムージー
近所の朝飯屋台オールスターズ
今日の朝ゴハン何しよ〜
サイクローンイサーンとキャベツ
ソーセージ
カオカイジャオ
野菜と唐辛子のオムレツ
なやむ
ジューシー焼き鶏
ガイヤーン
タイの1日の必需品
蚊よけスプレー
タイの蚊は我々外国人の血を好むようである。
虫さされバーム
虫さされじゃなくても何かあったらぬる。
ヤードム
とにかく疲れたらヤードム
はたらく

豚カラ揚げ
チャーハン
鶏の足
ラーメン
さぼりだす
もらう
宿のおばちゃんはいろんなご飯を
手作りしてくれる
ラートナー
あんかけ麺
優しい味つけ、肉・野菜たっぷり
カオパッ
一番よく作ってくれる
チャーハン
パットパッククルアムミット
肉野菜
炒め
日本人は牛肉が
好きだろう？と牛肉で
作ってくれる
クルアイシュアム
甘く煮たバナナにココナツミルク
はたらく
カフェにも
行きます
タイは長時間いても
電源とっても大丈夫なカフェが多い
つかれる
さぼる
ナイトマーケットや
マッサージに行く。
一生探索しきれない

さて、本書は大人の1人旅がテーマである。

単なるガイドブック的な情報としてのタイよりは、僭越ながらエッセイストの端くれである自分が感じ取りトリミングしたタイをなるべく多くお伝えしたい。そんな想いで執筆にあたった。

その想いにのっとり、本書が大切にしている要素が2つある。

まず、本書ではいわゆるインスタ映えするスイーツやレストラン、ナイトライフについて触れることはあえてほとんどしていない。

重複するがすでにインターネットで紹介され尽くしている情報としてのタイよりも、もうちょっとだけ踏み込んだ日常的なタイへ主にフォーカスを当てているからだ。

次に少し説明が長くなるのだが、例えばマンションから漏れる自分とは交点のない人たちの生活の光や、深夜に遠くの高速を走る車が流れていく景色を目にしたときなどに、なぜか哀しいんだけど心地よいみたいな妙な感覚になったことはないだろうか?

そこにはどんな人たちがいて、どんな生活があるんだろうと考えるときの、どこかしんみりしたあの気持ち（もちろんその経験がなければないでスルーで大丈夫）。

そのまま時と場所が変われば、あの妙な感慨はあくびのように消えていくのが常なのだが、あえてあの感慨にこだわる小さな探求心を本書には盛り込んだ。タイにいると、ふと気づくときがある。自分が、自分とはまったく交錯しないと思っていた、かつて見た知らない光の中にいることを。そんなとき、私はタイの人たちの優しさから、その光の中に招かれたように感じている。そんな、自分が感じ取ったタイの雰囲気を現場感と共に伝えられたらと考えている。

本書をご覧になった方にとって、いつか自ら行ってみたくなる、またタイに行ったことがある人でももう一度行って確認してみたくなる、そんなきっかけの一冊であれたならディージャイマー（超嬉しい）だ。

ある日のわたし…のさらに裏側

週末一緒に食べ放題旅行行かない?
まじ? ただの客の私を週末旅行に誘ってくれるの?
いやもう友達でしょ

タイの人たちはとてもフレンドリーです

もうすぐ実家帰るけど一緒に行かない?
え! いいの?
タイの本書くんでしょ? 案内してあげるよ!

こうして私は、思ってもなかった場所に行くことになる。

もくじ

第1章　タイへ行こう！

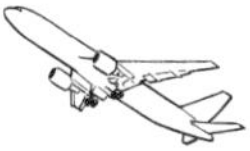

第2章　タイな日々

本書に掲載している情報および価格等（パーツ、円ともに）は
すべて執筆当時のものです。

第1章 タイへ行こう!

✶タイで買えないもの

タイに対する一般的なイメージはどうであろうか？

そう質問すると、のどかでヤシの木が立った、いかにも南国みたいな場所なんでしょ、といった子どもがマンガで描くようなイメージが答えとして返ってくることが多い。

そんな人たちがそのイメージを抱いたままバンコクに来ると仰天することになる。

成田空港よりはるかにハイテクな空港からタクシーやＡＲＬ（エアポートレイルリンクという空港と市街をつなぐ電車）などで市街へ向かう道中、近代的な高層ビルがところ狭しと立ち並ぶメトロポリスが車窓から目に飛び込んでくることだろう。

そう、首都バンコクはインフラが整備された超絶近代都市なのだ。市内を走る電車の路線は日々拡大し、それに比例して駅も増え続けている。大きな通りに面した各駅の近くには巨大なショッピングモールがどんどん建てられている。あらゆるアパレルメーカーがテナントで入っているし、日本の大手薬局チェーンも100均もあるし、セブンイレブンもそこら中にあるし、日本の外食チェーンも数多く進出している。

大体なんでも現地調達できてしまう。なので、タイに持っていくと便利なもの？　を聞かれると困ってしまう。

ところで、そんなタイでも入手困難だったものがあるんじゃないか？と、編集のオイカーさんにつっこまれたので、海馬をフル稼働して思い出してみたらなんとか2つ捻り出せた。といっても、それらはECショップであれば買えるだろうし、きっともっと探せばあるところにはあるんだとは思う。ただ、実体験として私が2023年時点のバンコクの店頭を探し見つからず結局諦めたものだ。

それは一体何か？

以前、新しいサンダルが足に合わずに靴擦れをしたときがあった。そんなときに探し求めたのがキズパワーパッドだ。これはバンコクの中心にある大きな日系の薬局でも手に入らなかった。ただ、似たようなもの（3M社のネクスケアというもの）は割とどこでも入手可能だ。

もうひとつは、きっとタイ人にはあまりにも需要がないのだろうから売ってないと思われる一品。日本でもそんなに使っている人は少ないのかもしれない。

歯ブラシ（かため）だ。

歯はあまり強くゴシゴシ磨いてはいけないらしいのだが、かための方が磨いた気がする人は少なからずいると思う。そんな人は是非日本から買ってきた方がいい。本当に売っているところを見たことがない。つけ加えるならば、タフトブラシは大体どこでも置いてあるのだが、ペリオブラシ（タフトよりも細いタイプ）は日本と同様入手困難だ。

と、ここまでニッチな話をしないと文字数が稼げないほどにタイに持っていった方がいいものが思い浮かばない。もはや日本にあってタイで買えない物はほぼないと言える。
もう、手ぶらで来てしまえ。

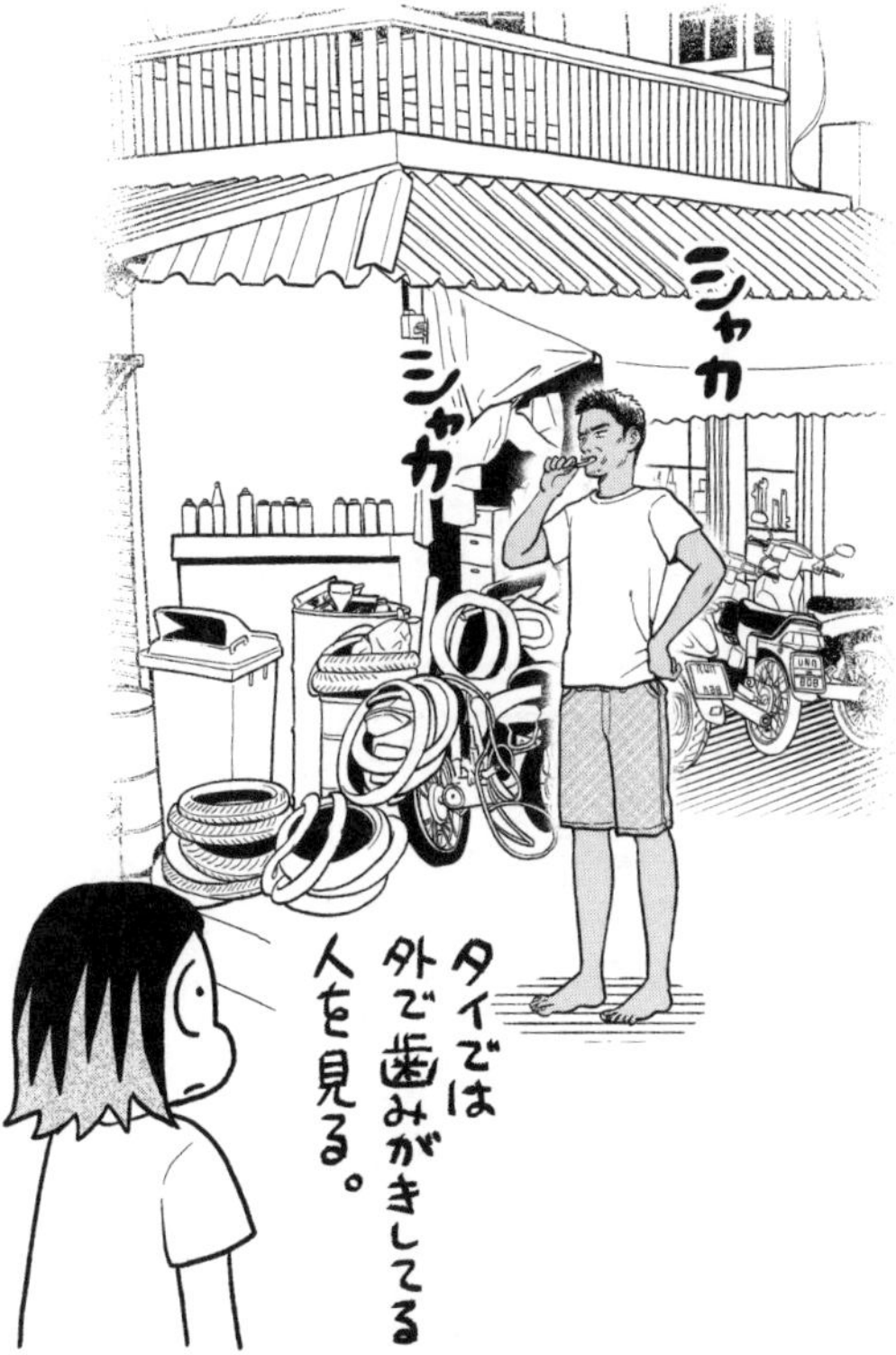
シャカ
シャカ
タイでは外で歯みがきしてる人を見る。

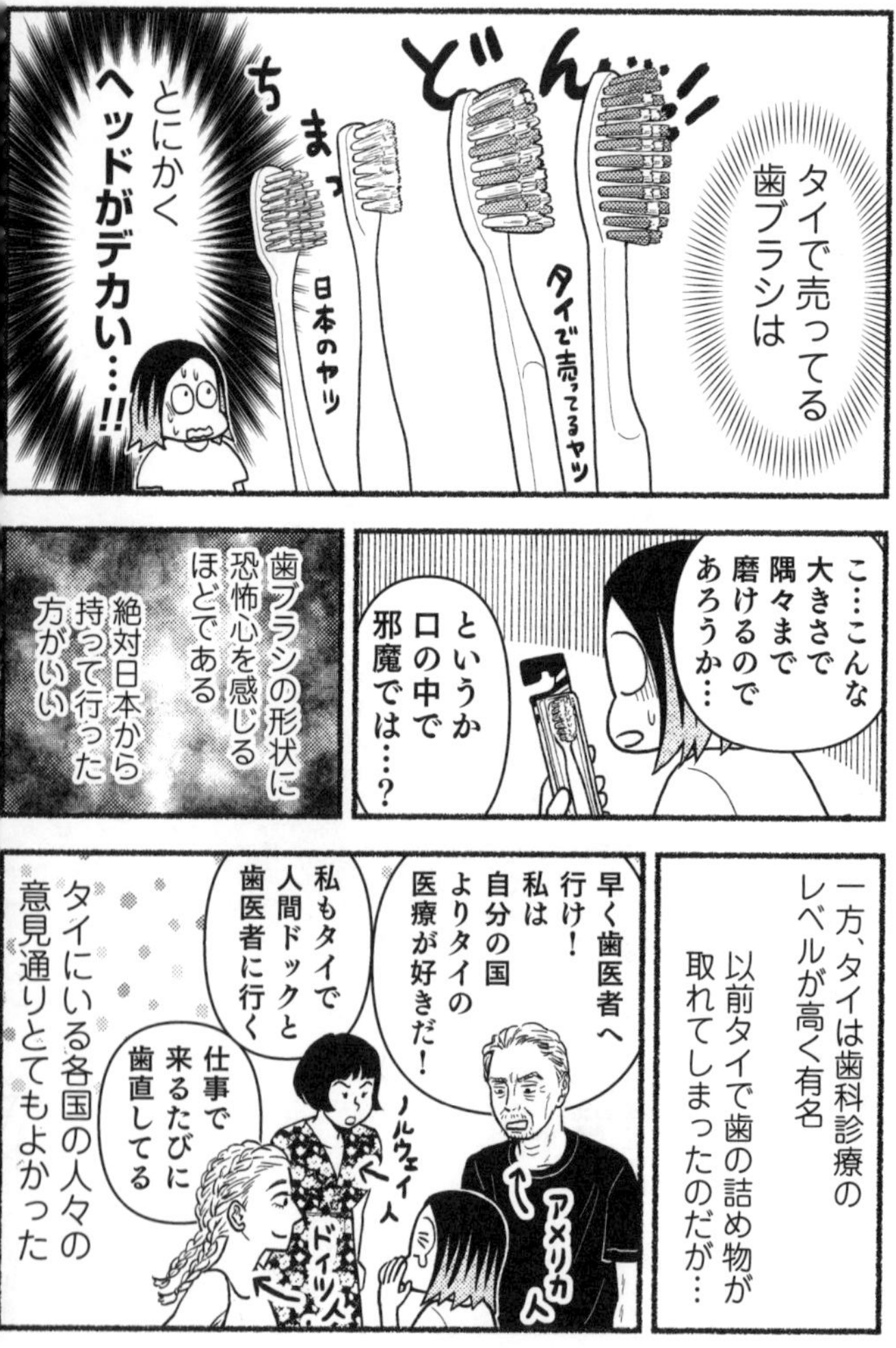
タイで売ってる歯ブラシは
どん!!
ちまっ
タイで売ってるヤツ
日本のヤツ
とにかくヘッドがデカい…!!
こ…こんな大きさで隅々まで磨けるのであろうか…
というか口の中で邪魔では…?
歯ブラシの形状に恐怖心を感じるほどである
絶対日本から持って行った方がいい
一方、タイは歯科診療のレベルが高く有名
以前タイで歯の詰め物が取れてしまったのだが…
早く歯医者へ行け! 私は自分の国よりタイの医療が好きだ!
アメリカ人
私もタイで人間ドックと歯医者に行く
ノルウェイ人
仕事で来るたびに歯直してる
ドイツ人
タイにいる各国の人々の意見通りとてもよかった

そしてここからは
男性にはあまり
関係ない
生理用品の話題
タイの薬局でずらりと
並ぶ日本ブランドの
大量の生理用品を見て
「日本はすごい!!」
と感動した
ほぼ日本製…
コレ…
もう次から
持って
来なくて
いいじゃん!!
そんなふうに
思っていた時期が
私にもありました
さすが日本のメーカー
現地のニーズに合わせ
日本とはまったく違う
特性を備えた
品揃えとなっている
炭入り…?
まっくろなのか…
ヤケに分厚いのが多いな…
どれにしようかな
Cooling Fresh
よく分からんがこの
「クーリング
フレッシュ」にしよ
まるでその部分に
タイガーバームを
塗ったような
スースー感…!
みんな、気をつけろッ…!

✷安全第二でタイ料理に挑戦！

観光立国でもあるタイには様々な国から大勢の人がやって来る。そのため、それぞれの生活様式に合わせた色々な料理を食べることができる。とくにバンコクであれば、日本人が十分納得できるレベルの和食を食べることができるし、ムスリム用のハラル料理店もいたるところにある。

観光ではなく出張で来る人の中には、大切な商談などの前にコンディションに気を遣っている人たちも少なからずいる。彼らは食べ慣れてなく、しかも刺激の強いタイ料理を避けて、普段から口にしているものを食べて仕事に備える。

一方、私はそんなことは気にせず、ほぼ毎日タイ料理を食べている。これまでお腹を壊したことは何度かあるし、一度食中毒で病院送りにされたこともあるが、勝率でいえばほぼ10割。やっちまった経験は本当に数えるほどしかない。これぱかりは気をつけても気をつけようがない部分も多いし、やはりタイにいる以上は安全第二を念頭にタイの食文化を楽しみたいと思っている。

コンディションの維持だったり、アレルギーだったり、菜食主義だったり、宗教だったり、単純な好き嫌いということは往々にしてある。ただ、そうでなければせっかくタイに来たならタイ料理に挑戦してみたらいいのではないか、と思う。

こう書くと、そんなことをわざわざ提案する必要ないでしょ、っていう声が聞こえてきそうだ。タイへ旅行に行ってタイ飯を食べないわけがない、と思う人は多いだろう。

でも、食べない旅行者は結構いる。実際、定宿のサービスアパートメントでは、朝に無料でトーストが食べられるのだが、それどうすんの？　ってぐらいのてんこ盛りに食パンを焼くファラン（西洋人）を度々見かける。宿の外の30秒圏内には早朝から、様々な食べ物を売っている屋台と食堂が並び、安くて美味しく、店員さんが親切なのにもかかわらずだ。

きっと朝はトースト、昼にマック、夜はステーキという流れは想像にかたくない。

私も長くタイにいると、こういうものが食べたくなるときがある。ただ、毎度コレだとなぜタイに旅行に来てまで、どこでも食べられるものを食べてお腹をふくらまさにゃならんのか、と私は思ってしまう。しかも、街の屋台や食堂と比べて数倍高くつく。

自分たちの食文化がまずは基準値になるのは理解できるのだが、あまりにも安全圏の中央部分でとどまり過ぎてしまっている気がする。探究心を持ってどんどんタイ料理に挑戦していこう。


そんな中、旅先で知り合ったリカルドおじさんは、20代のころから40年近くアジアを色々旅してめぐっている人だ。ヒョロッと背が高くコメディではなくシリアスな映画に出ているときのジム・キャリーに顔が似ている。

人生のほとんどが旅の中というツワモノで、故郷であるカナダのケベックにはそれこそオリンピックイヤーにしか帰らないという。

彼は体調管理の観点から30年前ぐらいから菜食主義者になった。そんな彼はタイの屋台が大好きだという。

「過去にタイの高級レストランも色々めぐってきたが、どれもリアルじゃなかった。タイではストリートフードこそが最強だ。私が今何を持っているかって？ ソムタムさ。これこそ菜食主義には最高の食べ物だよ」

と、ビニール袋入りソムタム（パパイヤのサラダ）を掲げ、目を輝かせて言う彼に紹介された屋台やローカル食堂は、どこも本当に美味しかった。

「ほとんどのファラン（西洋人）はタイに来ているのにもかかわらず、大体朝はコーンフレーク、昼にバーガーキング、夜はピザ。自分たちの文化が世界の中心であるっていう意識が強すぎるから、こういう珍妙なことが起きるんだ」

そうリカルドおじさんは半ばなげくようにいって「まぁ僕もファランなんだけどさ」とつけ加えた。

タイ料理を食べる。

その経験だけで、カナダのオモシロおじさんと世界を語れた。新しい食文化を楽しむと、自分の世界が少し広くなるのだ。

ソムタム。甘じょっぱくて、すっぱくて辛いタイ料理の基本的な一品。炒りピーナッツがさらなる旨みを引き出してくれる

タイ料理の話で仲よくなったリカルドおじさん
マリコは少し変わった旅行者みたいだね
タイでは何をしているんだい？
えーと…私はタイ旅行をマンガにして描いていて
マンガ!?
旅行記のマンガ？すごいな
ほー…
私の本↓「タイのひとびと」
これはこれは…
プッ
ワハハ
日本語は読めないが…
私も同じような経験があるので分かるぞ
そうか確かにコメディにできるな
ひとびと
この国は驚くことがいっぱいだから

私も旅行記を出したいと考えたことがあるよ
しかしこんな風に絵を描いてマンガにするとは…
美しい絵だね
タイのよさを広めたいんです
…私はこんな物は初めて見た
大変だったろう…
すごいことをしたな…！
へへ…そんな…
じ〜ん……
日本のマンガ事情を知らないリカルドから出た大袈裟な賛辞は…
今でも私の支えになっている
食文化でもマンガでも知らない文化を尊重し合うことは
とても素敵なことだと知った

✷タイ語を話す

タイの公用語はもちろんタイ語である。そして、海外で不安なこととなるとやはり言葉だろう。

普段から日本人が集まる飲食店やホテルやゴルフ場などに行けば日本語が通じる確率は高いし、日本のアニメやマンガを通して日本語を学んでいる人たちもタイの若者世代を中心に多くいる。ただ、やはり絶対数は限りなく透明に近いほどに少ない。いい換えれば、タイで日本語は通じないと考えてよい。

じゃあ、英語は？　これはさすがに話者の数は多い。

とくにバンコクやプーケット、チェンマイのような観光地であれば、少なくとも買い物に困らない程度の英語は街中で耳にすることができる。ただ、それでもこれは日本語と比べればということであって、どこでも英語が万能かというとまったくそうではない。とくに食事の際に細かい注文をしたいとなると屋台や食堂ではかなり難しいだろうし、少しよさげなレストランだとしても、英語で理解してもらえたならラッキー程度に考えた方がいい。

不思議なことに、このことを不服に思う人がかなりいるようだ。

例えば、グーグルマップやアゴダなどでホテルのレビューを見てみると、英語が通じなかったので低評価をしている人が散見される。たしかに観光地なのに英語が使えないことにストレスを感じる人は多いし、英語ぐらい話せて当然だろうと考える人もいるかもしれない。だが、英語圏ではない国に来ているのだからそこで英語が通じなくてもしょうがないし、もう少し寛容であってもよいのではなかろうか。

もちろん英語が話せないより話せることに越したことはない。だからといってタイのホテルやレストランで英語が使えなかったから低評価をするというのは、個人的にいささか傲慢だなという気がしてしまう。それらがいわゆる一流どころであれば別なのかもだが。

ところで、私はタイ語を学んでいるのだが、あまりセンスがないようでなかなか上達しない。

それでも、とくにスクールなどには通わずタイ人の友達に教えてもらいながら気長にやっている。知り得たタイ語を実際にタイ人に使ってみて、問題があれば訂正をしてもらい、通じるとわずかながら進歩する、その繰り返しだ。

タイ語には母音が9個、子音は42個あり、それぞれが高子音、中子音、低子音と3つに大別される。これらを平音以外に2～4種類ある声調と組み合わせて使う。加えて、有気音や無気音といったものがあるのだが、とにかくこれらを間違えるとまったくもって意味が違ってきてしまう（日本語の白と城、橋と箸のような感じ）。

まぁ単語の発音を間違えたとしても、文脈でわかってくれそうなものなのだが、悲しいかな初心者だからそもそも長い文章が話せず、文脈から推測してもらうことができない。

英語や日本語だと、多少単語の発音がおかしくてもなんとなくわかってもらえることは多いのだが、タイ語に関してはそうは問屋が卸してくれない。しっかりとしたタイ語の発音への理解。これがないと伝わることがないと心得ておいてちょうどいい。

ただ、それ以上にタイ語学習を始めた最初のころに大きな壁になることがある。

例えば、街の食堂や屋台などで、勇気を出して覚えたてのタイ語でタイ人に話しかけるとする。つまり、初めてのタイ語の実践だ。

何をいうかにはもちろんよるが、先述のアクセントの問題で最初から一発で通じる人はなかなかいない。

そして通じないとき、その壁は現れる。

しかめっ面をされた上に、ものすごい圧で「あぁ⁉」といわれることが多々あるのだ。

これを日本人の感覚で「はァ？　何いってるか、わかんねーよ！」的な感じに捉えてしまっても仕方がない。

もちろん、そんなことはない。

これはタイ人にとっては悪意があるわけではなく、わからないときの普通のリアクションだったりする。ただ、その習慣がわかっていないと早速心が折れてしまうレベルの、それはそれは見事な圧がこもった「あぁ!?」なのだ。実際これはタイ語学習をした経験のある人だったら結構受けているタイ語の洗礼だと思う。

逆に、食堂や屋台とかでちゃんと注文が通じると、今度はなぜかノーリアクションで無視されることも結構ある。「おや、オーダーはちゃんと通ったのかしら?」と心配になるほどのスパッとした無視だ。ただ、そういうときは問題なく注文したものを持ってきてくれる。ちゃんとタイ語でいえたんだから、多少ホメも兼ねてリアクションしてくれたらいいのに、とは思うのだがそういう甘えは許されないらしい。

タイ語は獅子のごとく初心者にとことん厳しいのだ。

だからこそ、多少でも通じるようになり始めると超絶嬉しかったりする。ちなみに私は現在その段階にいる、と思いたい。といっても、やみくもに初心者に厳しいわけではない。必ず手を差し伸べてくれる誰かがいる。そしてタイには、この誰かが非常に多いように感じる。

発音がうまくできなかった場合、相手が知り合いでなくても、聞き返せるタイミングがあるときはなるべく正しい発音を聞くようにしている。

多くのタイ人はこちらがちゃんとできるようになるまで教えてくれる。ここでいう、ちゃんと、は本当にちゃんと、だ。大体のタイ人は発音に関してテキトーをヨシとしない。自分が許容できる発音レベルまで何度もやり直しをさせるのが常だ。発音に限ってマイペンライ精神（タイ人の国民性、ほかの節で詳しく説明）はどうやら適用されないらしい。

でもようやくできるようになると、チャーイ！（そう！）といって笑ってくれる。

タイ人の友人と
一緒にいると
しょっちゅう使う…
超頻出
タイ語がある!!
それは
ป่ะ
パ
という言葉
ご飯食べ終わって
そろそろ…のときや
食った食った
イムレーオ
ป่ะ
ป่ะ
待ち合わせで
挨拶も済んだとき…
行こっ!
って感じで使う
ウキウキ感溢れる
いい言葉だ
日本語表記すると
ぱ!
のひと言で
済むのだが
私はそのたったひと言が
なかなか発音できず
なんだ
今の?
全然
いえて
ないよ
ป่ะ
ぱ…
全然
違う
ป่ะ
ば…?
文字通りぱっと
次には行けなかった

✴ 食堂でのスマートな注文方法

最近は日本でもよく目にするようになったが、タイの食堂には英語のメニュー表が置いてあることが多い。

大体はペラペラのパウチ、たまにクリアファイル、英語表記に加えて、その食堂のオススメメニューの写真が掲載されている。必ずしもどこの食堂でも、英語のメニュー表が用意されているわけではない。それが怖くて、せっかく、ローカルの人たちで賑わうよさそうな店を見つけても、つい敬遠してしまう人も多いはず。

案ずるなかれ。

今の時代は、大体誰かがそのお店の口コミを画像や動画と共にグーグルマップ上に掲載している。なので、気になったお店をグーグルマップで検索し、そこに公開されている画像の中から好きなメニューを選んで、店員さんに指差しで伝えればいいだけだ。大抵はそのお店の看板メニューの写真が掲載されている。口コミも、自動翻訳されて日本語表示されるので是非参考されたい。

ただ、実際このグーグルマップだって必ずしも画像が上がっているとは限らない。では、グーグルマップに掲載されてなければ諦めなければならないのか。

それでも案ずるなかれ。

周囲を見まわせば、ほかの人が食べているわけだから、その中でおいしそうなものを見つけよう。

そして、店員さんを呼び、こっそりそのテーブルを指して、

「セイムセイム」

といえばいいだけだ。

このセイムセイムは英語のsameだが、タイに浸透しきった外来語なので、ハローやコーラレベルで通じる。セイムセイムと2回続けていうのはタイ語の語学的特徴なのだが、ここでは詳しい説明は省く。

では、英語表記もなく、グーグルマップに画像も掲載されてなく、指差しできるほかの客がいない場合はどうだろう？　たしかにこれはかなりクリティカルに近い。

だが、案ずるなかれ。

ガパオ（ひき肉炒めオーバーライス）かカオパッ（チャーハン）といえば、大体はどちらかがある。そして大抵おいしい。

麺専門店の場合は、最低でもバミー（中華麺）とだけ覚えておけば問題ない。バミーなら大体ある。太さのちがう各種米の麺もあるのだが、まぁ、それは次回来店時ということで。

注文後に店員から色々聞かれることもあると思う。タイ語がわからないと、半ば詰問に近いものを感じるかもしれないが、大体は、鶏肉がいい？それとも豚がいい？　とか、辛さはどうする？　とかだ。これはもう、タイ語がわからなければお手上げなので、細かいことは諦め、ただただニコニコ笑ってチャイチャイ（そうそう）っていっておけばよい。

また、たまに紙にオーダーを書くパターンもある。これもさっさと初めから諦めて、店員さんに直接お願いすれば、あとは店員さんがつつがなく都合つけてくれる。

要するに、ガパオとカオパッとバミーという単語だけを覚えておけば、タイ中どこの食堂に行っても高確率で何かしら食べられるということ。

それに、この便利になった世の中では、スマホのグーグル翻訳アプリでメニュー表を撮影すれば、大体の意味が分かるレベルでタイ語を日本語に翻訳した画像が生成される。

その生成された翻訳画像と、元のメニュー表とを照らし合わせ、店員さんに指差しで伝えてしまえばそれで十分だ。

一般的なタイの食堂。屋台も含め、タイ料理の真髄はストリートにあり！

また、細かいオーダーに関しても、グーグル翻訳アプリに、例えば日本語で、鶏肉がいいです、とか、辛くしないでください、などと伝えれば、その翻訳がタイ語の音声と文字に変換される。

そして、この翻訳の精度は日進月歩で進化している。

案ずるなかれ。

ビビッときたお店には躊躇なく入ろう！

オーダーのときによく使う便利なコトバ
マナオ
タイのレモン
レモンではない
タイではレモン
として使われる
カオパッ
チャーハン
カイダー
目玉焼き
近いことに
カイジャオ
オムレ
チャー
マナオ
レモンティー
チャー
イエン
タイ風ミルクティ
甘さ＋コク
カオ
ごはん
ワーン
甘い
ペッ
からい
マイペッ（辛さなし）
マイサイプリック
（唐辛子なし）
唐辛子
プリック
とにかくよく使う言葉
ガイ
ムー
ヌーア
ナムケーン
氷。
タイの氷は
タテ長
ナムパオ
水

✴ 支払いはカードとキャッシングで

ここではタイで使うお金について。

クレジットカードは必需品だ。

屋台や古い食堂などでは使うことはできないが、それでも空港、駅、ショッピングモール、レストラン、バー、スーパー、コンビニ（セブンイレブンは250バーツ以上の購入が必須）など数多くの店舗でクレジット決済が可能だ。

とくにバンコク滞在者が確実に持ってきた方がよいものは、タッチ決済のマークがついたVISAまたはMASTERカードとJCBカード。VISA/MASTERはMRT（地下鉄）に、JCBはSRTレッドライン（ドンムアン国際空港と市街をつないでいる電車）で、SUICAのように自動改札でタッチ決済で使える。

もちろん各駅で切符ならぬトークンコインを購入できるのだが、例えばラッシュアワーのアソーク駅（新宿のようなところ）では、このトークンコインを購入するために某テーマパークの人気アトラクションレベルの列ができる。

そんな中このトークンコインを買うだけでも大変なのだが、紙幣しかない場合は両替もしなければならない。とにかく時間がかかり難儀することこの上ないのだ。

ＰＡＳＭＯのようなプリペイドカードもあるのだが、もしカードに残金がない場合はまた窓口に並んでトップアップ（チャージ）の処理をしなければならないので結局某テーマパークに強制的にようこそと相なる。

そこでVISA/MASTERカード（タッチ決済機能つき）の登場。

長蛇の列を横目に、まるでセレブリティのような優雅さでシャナリと自動改札を通過することができる。また、ＪＣＢカード（タッチ決済機能つき）があれば同様の優雅さをＳＲＴレッドラインの利用の際に味わうことができる。ただ、観光客はＳＲＴレッドラインにはＭＲＴよりも乗る機会は少ないだろう。

しかし、例えば帰国の際、何かしらの理由でホテルを出るのが遅れたとしても、JCBカード（タッチ決済機能つき）があればその数分の違いで飛行機のボーディングタイムに間に合うかもしれない。

とにかく、持っていてまったく損はない。

ここまで何度もタッチ決済機能つき、としつこく書いているのはタッチ決済機能つきでないとSUICAやPASMOのように非接触型ICカードとして使えないからである。あなたのクレジットカードにタッチ決済可能を示す扇状のアイコンがあるか是非ご確認を。

何度も何度もいっても、使えなかったといってくる人が過去に多からずいたので、重複して印象づけておこうと思った次第である。

あなたのクレジットカードにタッチ決済可能を示す扇状のアイコンがあるか是非ご確認を。

ちなみに、2023年現在アメックスはどこの路線でも非接触型のサービスにはまだ対応していない。

次に、現金について。

なんだかんだいって、旅行者にとっては結局現金の出番が一番多くなる。両替商で両替をするというのが一般的に考えられると思うが私はクレジットカードのキャッシング機能をオススメする。

私が利用しているのはアコムが発行しているACmasterカードによるキャッシングだ。

理由は3つ。まず、安心のMASTERカードでそれに準拠したレート。次に、他のクレジットカードを使って海外ATMでキャッシングをすると往々にしてかかってきてしまうATM使用料（約900円）などの手数料がかからない。最後に、アプリを使って同日返済すれば利息もかからない。

この利息に関してだが仮にもし返し忘れてしまったとしても、べらぼうな利息を取られることはない。1日につき0・05％の利子なので、1万円借りた場合1日5円程度だ。まったくもって明朗会計といえる。また、ACmasterカードを申し込む際にキャッシュバックキャンペーンが行われていることがあるうえ、お急ぎの方は自動契約機むじんくんで即日カードを発行できるという便利ぶり（その際必ずMASTERのブランドを選ぶ）。

まるで案件のようだが一切のスポンサードはされていない。２０２３年時点でACmasterカード以上にお得なカードはなく、心底お世話になっているしオススメの1枚である。

私はキャッシングを空港や駅、または銀行でおこなっている。理由は機械のメンテがしっかりしてそうで、機械やカードに何らかの不具合があったときに対応が早そうだからだ。ＡＴＭの画面は基本的に日本語表記もあるのでそこまで心配はいらない。


ところで、ACmasterカードを使う前まで私は決まったところで両替をしていた。

昔から換金レートがよくて有名なところはバンコクに色々とあるのだが、私がよく使っていたのはナナという繁華街にあるアラブ人街の両替所だった。スクンビットソイ3／1という道の奥に進んでいくと、複数の両替所が密集しているところがすぐに見つかる。そこには一本道を挟んでそれぞれ3～4畳ほどの簡易的なブースが左右に並んでいる。

基本的に入り口付近の両替所はレートが悪く奥に行けば行くほどよくなる傾向があるのだが、必ずしも毎回そうとも限らない。だから毎回各両替所のその日のレートを片っ端から聞いて回る。

各ブースのカウンターにはヒジャブを被ったムスリム娘がそれぞれいて、マニュアルでもあるのかと疑いたくなるほどに一同気怠そうに対応してくる。ブースに入るやいなや私が、

「ジャパニーズイェン、タウライ（いくら）？」

と、聞くと慣れた手つきで電卓を弾いて本日の円バーツのレートを見せてくれる。

その数字を覚えてすぐに次のブースへ移動しレートを確認する。その中で一番いいレートを提示したブースで両替をするのだが、最良レートのブースに戻ってくると、先ほどは気怠そうな態度だったムスリム娘が、自分の店が選ばれたことで今度は少し嬉しそうな愛想のいい感じで迎えてくれたりする。実に現金だがわかりやすくてかわいい。

ACmasterカードを手に入れてから、この一連の作業が私のタイ生活のルーティンからなくなってしまって久しい。

たしかにとても便利になったしいまさら戻れないし、その必要すらないのだが、あの最もお得なレートを見つけた時の感動やムスリム娘たちとの交流がなくなってしまったことには、少し悲しい気がしないでもないような気がする今日このごろ。

もし、キャッシングを含め海外でのATMの利用にはちょっと気が乗らないという方がいたら、是非アラブ人街での両替を試してみたらいかがだろうか。

このカードは本当に便利!!
CARD
1234 5678 9012
VISA
想像してほしい
刺激いっぱいのバンコクの街を一日中遊んで……
ヘットヘトで帰るとき…ただ電車のキップを買うためだけに**大行列**に並ぶめんどくささを…
外は大渋滞
しかも並んでるのは各国のこの券売機を初めて使う人たち
めんどくせ……
タイ旅行中は必ずこんな状況になる!!
アレッ何か現金が足りない!
両替所を探したりその開店時間に合わせるよりも…
EXCHANGE
ATM
ATMなら街のいたるところにありヒジョーにラクである!
CHANGE

✶タイへは深夜便で

往復の飛行機を予約するにあたって、チケットの価格も重要だが、実はそれよりも出発と到着の時間が重要だったりする。

早朝（3時〜8時）、朝（8時〜12時）、昼（12時〜18時）、夜（18時〜23時）、深夜（23時〜3時）と5つにザックリと時間帯をわけて私は考えている。

8時が早朝？　12時が朝？　と疑問を感じられたと思う。

これは出発時間なので、それまでの時間を考慮した上での時間帯である。空港に到着する時間は最低でも1・5時間前を目指している。中国人団体客が大挙して押し寄せる春節などの混雑時期は、3時間前でもギリなときがある。

では、どこの時間帯がおすすめなのか、というと、結局その旅人が何をしたいかによるので、コレといった答えはない。

ただ、私はよっぽど航空券代が安くない限り、タイを早朝の時間に出発すること、とくに4時〜8時ごろは敬遠している。この時間だと、深夜1時〜4時くらいに空港に向かうことになり、電車が動いてないし終電で空港に前入りするには早すぎるし、Grabアプリを使うことは必須で1番お金もかかる。また、起きられないと困るので、どうも寝づらく、結局ホテルにて、寝ぼけまなこのまま時間が来るのを待つしかない。


しかも、この時間にバンコクを出発して東京の家に到着するころには夕方ごろになっている。前日にろくに寝ないままその日は移動と睡眠だけで終わっていくことから、飛行機移動6時間半のはずのタイ–東京間が、ほかの時間帯で移動するよりも長い拘束時間であったような気がして疲労度も増す。

私が好きな時間帯は、深夜かもしれない。

寝ながら移動できるというおトク感が嬉しい。静けさに包まれた深夜便の中に漂う少し切ない感覚もどこか旅情に溢れている。

深夜便で早朝にタイに到着した場合は、必要最低限の力で定宿に辿り着き、守衛さんから鍵をもらって部屋に入り、寝巻きに着替え、歯磨きをして、今度はしっかり足をのばして、国を跨いだ二度寝をする。

こっそり暗いうちにタイに忍び込んだ私は、まるで初めからいたかのように、やがてバンコクの朝日と共に目を覚ます。

定宿の近くでタイ人の友達が営むフルーツジュース屋で朝ごはんのスムージーを買う。大した話ではないのだが、このリズムがとても好きだ。今日は一日リフレッシュに使おうと決めてしまえば、タイにはマッサージもプールも心地よい昼寝もある。

ところで、深夜便では、ごくたまに妙な試みが行われることがある。

どの航空会社だったかは失念したが、２０１７年ごろに深夜便でドンムアン国際空港に到着したときのことだった。

機内は割と混んでいた。

時刻は午前2時ごろ。

客室乗務員からの着陸準備のアナウンスが響き、目を覚ます。が、すぐにまた眠りに落ちる。やはりこの時間に到着となると、私を含めて大部分の人が眠りを中断されて、頭がボケている。

着陸時の衝撃でまた半分目を覚ます。ただ、すぐにターミナルに到着するわけではないので、また眠りに落ちそうになる。

客室乗務員による着陸後の時刻やら摂氏なんやら、ベルト着用のサインやらという、定型のアナウンスが聞こえ、いよいよ起きるか、と、なんとか覚悟を決め一生懸命血を脳みそに送る。

飛行機はターミナルまでを依然長く走行。

そこで機長からのアナウンスが始まった。内容はよく覚えてないが、たぶん今回はありがとうございましたとか、そういう話だったと思うが、こちらは睡魔との戦いに必死で、なんとなく聞き流すにすぎない。

すると、機長は、

「皆様、嬉しいニュースがあります。本日は当機の○○席に座る、ナッターポンさんのお誕生日です。どうぞ皆さん拍手を」

と、いった。

変わらぬ深夜の静寂。シーン。

少しして、パラパラと起きた拍手がその静寂をより強調した。

きっと、この航空会社が、誕生日の人にサプライズで喜んでもらおうと、よかれと思って企画したのだと思われる。

その心意気は素敵なことだ。

ただ、やるならせめて昼の2時、今いわれても知らんがなと思ったのは多分私だけではないはずだ。

以後、何度も深夜便には乗っているが、このサプライズ企画を目の当たりにしたのはこのときだけだった。

ちなみに、お誕生日だったナッターポンさんの席は割と近かったので、そちらを見遣ると、ナッターポンさんは下を向いていた。ドッキリも到着時間帯も、よく考えたほうがいい。

早朝すぎる出発は
いつも切ない
お世話になったホテルのスタッフ
何回も通ったお店、友人…
誰にも挨拶できないまま
自分だけがその街から
忽然と消えてしまう
明日
夜中の2時に
出発するね
!
……
分かった
鍵は
守衛にね
またすぐ
来る!
ニコッ
微笑みの国は、やっぱりイイ

✦〝黄金の地〟スワンナプーム国際空港

バンコクには2つの国際空港がある。スワンナプーム国際空港とドンムアン国際空港である。

それぞれの国際空港に特色があるのだが、まずこちらではスワンナプーム国際空港について。

元々あったドンムアン国際空港が手狭になってきたことから新たな国際空港として作られたスワンナプーム国際空港は、建設開始時の仮の名称がノーングーハオ空港だった。意味はコブラの沼地。

コブラでしかも沼地では対外的にあまり好ましくないと判断された当時の国王ラーマ9世は、サンクスクリット語で黄金の土地を意味するスワンナプームという名称を与えた。

稀代の名君から賜った名前に加えて、世界的に有名な建築家ヘルムート・ヤーンが設計を手がけた近代的かつユニークな建物はアジアを代表する重要なハブ空港としての威厳を十二分に備えている。またバンコク市内との間を30分でつなぐＡＲＬ（エアポートレイルリンク）という列車が２０１０年に開通したことで渋滞時のアクセス難も解消された。

私が初めて１人旅でタイの地を踏んだのは２００７年のことである。まだオープンして1年未満のスワンナプーム国際空港はどこもかしこもピカピカでゴージャスな雰囲気もあった。

しかし、右も左も分からないタイの地でいきなり旅の洗礼を受けることになる。

なんと約2時間近く入国審査の列で待たされたのだ。遅々として進まない行列のずっと先には複数のブースがあり、その中では忙しそうにしている審査官がいる。審査官はブースを出たり入ったりしたり、どこかに電話をしたり、大声で仲間の職員を呼んだりと明らかにのっぴきならない様子だった。

ようやく入国審査が終わり、預け荷物を受け取りにターンテーブルへ向かう。すでに2時間前に到着しているわけだから、自分の便の荷物はどこかにまとめて置いてあるのではと思ったが、なんと荷物はまだコンテナで運ばれている最中だった。ここでも関係職員たちが行ったり来たりとターンテーブルの周りを、血相を変えて走り回っていた。

当然怒り出すお客さんも少なからずいた。これは一体？ と思ってから、どれだけの時間が経過しただろうか、ようやく預け荷物が出てきたのはなんと到着から4時間後だった。

成田からバンコクまで約6時間半。タイに到着後、私はほぼ同じ時間をこのスワンナプーム国際空港で過ごしたのだ。

あとでわかったのだが、どうやらコンピューター関連のシステムがダウンしていたことから現場はパニックに陥っていたそうだ。新しい空港での経験がほとんどない状態のため、それに対応できる職員もいなかったということもパニックに拍車をかけていたらしい。そして、この手のトラブルはこの時期頻発していたという。今やそういったエラーはほぼ皆無になり、前述の通りスワンナプーム国際空港は黄金の土地という名称に恥じないアジアを代表する国際空港となった。

ただ、そんな優れた空港でもやはり駆け出しのころは色々失敗があったわけで、今となって考えてみれば2度と見られないスワンナプーム国際空港の若手時代に立ち会えることができたのだと思っていたりする。そのあともこの空港に通い続けているので、アイツは俺が育てたとも言いたくなるものだ。

では、再び時計を2007年に戻す。

ようやく荷物を受け取り外へ出ると、湿気を含んだ生暖かい南国の風が私を迎えてくれた。すでに辺りは暗かったし、待たされ続けて疲れていたしお腹も相当に空いていた。ここからどうやって初めての土地を移動してバンコク市内のホテルまで辿りつけばいいのかもよくわからなかった。

半ば途方に暮れた私はなんとなく視線を感じて振り向いた。

視線の先、誰だかは分からなかったが、空港の玄関にはメガネをかけた老年の男性の巨大な写真が飾ってあった。金色の額縁に飾られたその写真のメガネの男性は、これまた金色が散りばめられた豪華絢爛な民族衣装を身に纏っていた。

あれから20年近く経った。

スワンナプーム国際空港に来ると、その名づけ親でもあるタイの国王（当時はラーマ9世）のことすら知らなかった時代の自分をふと思い出す。

タイ各地には王様が
その地を訪れた際の
写真がよく飾ってある
コレじゃん
まだその地がまったく
開発されていなくとも
訪れている姿を見る
こんな所にまで…
ある寺院に飾ってあった
写真を見て友人が
この写真は
すごく有名な
写真なんだよ
へー
ほら
おばあさんの
持ってる花は
しおれてる
このおばあさんは
王様が
いらっしゃるから
朝早くから
花を用意して

街道に座って
ずっと王様を待っていた
王様の到着はおばあさんが思っていたより遅く、暑い日で
花はしおれてしまった
到着した王様はおばあさんとその花を見た
そしておばあさんの近くまで来て微笑まれて
優しくその花を受け取ったときの写真だよ
へーそーなんだ…
誇らしげに語る友人の姿から
タイの人たちが何を大切にしているか伝わってきたのだった

✴アジア最古の現役空港「ドンムアン国際空港」

メタボリズム建築というものがある。そもそもメタボリズムとは新陳代謝の意味。都市や人口の遷移に応じその形を変えていく建築として、１９６０年当時に若手建築家だった黒川《くろかわ》紀章《きしょう》、菊竹清訓《きくたけきよのり》、槇文彦《まきふみひこ》らが提唱した。それを体現しようとしたのが、２０２２年に惜しまれながら解体された黒川紀章の中銀カプセルタワービルだった。定期的なメンテさえしていけば時代に合わせて有機的に形を変えていくはずのこの建築は、老朽化により解体を余儀なくされ、このメタボリズム建築の挑戦は終焉を迎えた。

その終焉はメタボリズム（新陳代謝）の失敗と同義ともいえ、その失敗はプロデュース側の思惑の違いや法律や行政の対応によるところが大きい。中銀カプセルタワービルをはじめメタボリズム建築に関する本や情報は数多く出ているので詳しいことはそれらを参照していただきたい。とにかく、国際的な注目を集めた日本のチャレンジングな建築であったのだ。

ときに、ドンムアン国際空港は1914年に開港したアジア最古の現役空港である。

2006年の9月にスワンナプーム国際空港が正式に開港したことを受け、ドンムアン国際空港は一度民間利用から現役を退いている。その際、ドンムアン国際空港は長らく使っていたバンコク国際空港としての空港コード、栄光のBKKを後進に譲っている。これでようやく現役を終えたはずだったが、スワンナプーム国際空港の開港直後に頻発したトラブルのために翌年3月には国内線に限り現役復帰することになる。

新人のピンチにベテランが戻ってきた、よくあるパターンである。

そのあと、スワンナプーム国際空港に路線統合をしていくはずだったが、その動きに反してドンムアン国際空港は増え続けるLCC（ローコストの航空会社）の受け入れ先となった。結局ドンムアン国際空港は現役復帰から8年後の2015年にはLCC旅客数世界最多の国際空港にまで成長してしまった。

もちろんその建物的にはまったくスタイリッシュさはない。しかし、若手の台頭で現役を退いたあとも時代の変化とニーズに合わせて、老骨に鞭うちながら第一線で頑張っているその姿にはダンディズムがある。


ところで、私はよくLCCを利用するのでメインの空港は必然的にスワンナプーム国際空港ではなくてドンムアン国際空港となる。

重複するが都会的なデザインを持ち洗練されたスワンナプーム国際空港とは対照的に、老朽化したその建物は非常に旧時代的である。だからこそ、これまで読んできた下川裕治《しもかわゆうじ》先生や沢木耕太郎《さわきこうたろう》先生などをはじめとする著者の、数多くのタイを題材にした作品に登場したあのドンムアン国際空港の雰囲気を体験できる喜びがあるのだ。

ただもちろん、当時のままで残っているわけではない。各作家が若いころに見たドンムアン国際空港と、今のそれは当然同じものではない。

例えば、2021年にはSRTダークレッドラインという電車が開通。

その路線のドンムアン駅ともつながりバンコク市内へのアクセスがより楽になった。アジア最古の空港は時代に応じて古いものを切り捨て、建て増しを繰り返し、今なお日々新たなサービスを提供している。要するにメタボリズム（新陳代謝）。

前述の通り、日本においてこのメタボリズム建築は失敗に終わった。各人の意見や境遇をそれぞれ考慮していく、日本の繊細すぎるシステムの上では、そもそも難しかったのかもしれない。

一方、ドンムアン国際空港は是々非々で自身の形を変えて時代に合わせていく。もはや原型がわからないレベルに改修、整備、増設を繰り返されている。あまつさえ、２０２９年までに3番目のターミナルまでも拡張予定。もはや一度引退したこともなかったことにされている。

これはわかりやすすぎるトップダウンの政治システムや、体面よりも臨機応変にいいとこ取りができる柔軟性、細部よりも幹を活かすことに特化できる部分が大きい。

つまり、とてもタイらしいのだ。

もちろんドンムアン国際空港の建設にあたって、この空港をメタボリズム建築にしようなどと考えたこともないだろうし、それに特化したデザインでもないし、現在でもそのつもりなどさらさらないだろう。しかしながら、ドンムアン国際空港は日本では失意のうちに終焉を迎えたメタボリズム建築の概念を、現在進行かつ現場レベルで体現しているのかもしれない。

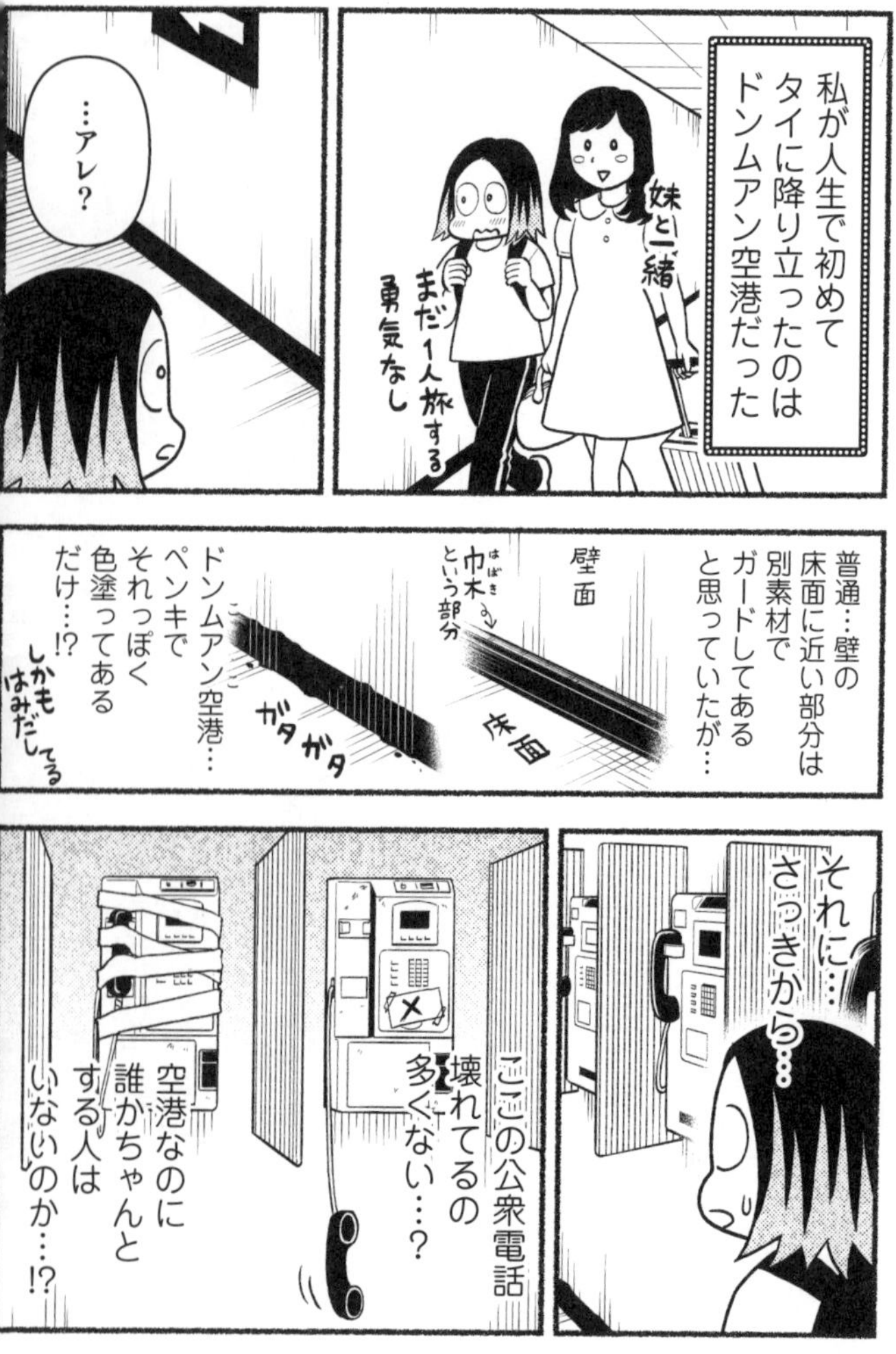
私が人生で初めてタイに降り立ったのはドンムアン空港だった
妹と一緒
まだ1人旅する勇気なし
…アレ?
普通…壁の床面に近い部分は別素材でガードしてあると思っていたが…
壁面
巾木《はばき》という部分
床面
ドンムアン空港…ペンキでそれっぽく色塗ってあるだけ…!?
ガタガタ
しかもはみだしてる
それに…さっきから…
ここの公衆電話壊れてるの多くない…?
空港なのに誰かちゃんとする人はいないのか…!?

壁に大穴!?
電話取り外してそのまま!?
すごい…なんてテキトーな国なんだ
大丈夫かこの旅行は…
そっ…
それは…
オフィスとかで…
卓上で使う電話では…!?
…
ぷっ
なんだか力が抜けて
ぷぷぷ…
まだ入国審査を受ける前なのに、タイのユルさにハマった瞬間であった

✴ 空港から市街へ

こちらの節では空港に着いたら市街までどう行くかをわかりやすくまとめてみた。

本書のテーマである大人の１人旅にフォーカスを置いたオススメルートとなる。

入国審査が終わって税関を抜けたら、ようこそタイランドへ、だ。早速市街へとくり出すのだが、時間帯と到着した空港によってそれぞれ行き方が変わる。

スワンナプーム国際空港で５時～23時30分ごろに到着した場合は、ＡＲＬ（エアポートレイルリンク）という電車がおすすめ。

その昔、スワンナプーム国際空港からバンコク市内まではタクシーやバスで行くしかなかった。とくにラッシュアワーにぶつかってしまうとホテルまで2時間くらい平気でかかってしまった。

ただ、2010年に開通したARLのおかげで市内にある終点の駅まで最大でも30分で到着できるようになった。また、その間にある駅にもほかの路線と連絡しているハブ駅があるので、なるべく電車で宿泊先の近くまで行き、駅から遠いようであれば初めてそこでタクシーに乗るのが最も時間とお金が節約できていいと思う。

深夜便での到着の場合はタクシーの一択となる。一点、Grabアプリに関しては別の節で書いているのでここでは省略する。

タクシーにも色々あって、普通のタクシーに加えてホテルの近くまで送ってくれる乗合いのタクシーもあり、どちらも空港1階の到着階にある受付で申し込める。

ただ、私はこれらを利用しない。なぜなら観光客向け価格のため高いからだ。なので私は3階の出発階に行く。すると、ちょうどこれからバンコクを出発する人たちが乗ってきたタクシーを捕まえることができる。1階の到着階を出入りできるタクシーには空港使用料などが発生しているのだろう、詳しくはわからないがそんな理由でとにかく高い。

一方、3階の出発階に来たタクシーであれば、そういったしがらみがないので通常の価格で乗ることができる。運転手も空車で帰るよりも客を乗せて市街へ戻った方が儲けになるのでわかりやすく一石二鳥だ。ただ、3階では確実に空車がタイミングよくいるとは限らないので、正確性を求める人は1階から乗るのがいいと思う。我ながらいっていることがセコい。

ちなみに、これはドンムアン国際空港でも同じだ。深夜到着の場合はドンムアン国際空港の到着階である3階からタクシーに乗る。

ドンムアン国際空港へ5時～23時30分ごろに到着した場合は、SRTダークレッドラインという電車がおすすめだ。ドンムアン駅から市街へのハブになるクルンテープ・アピワット中央駅（バンスー中央駅）まで15分くらいで20バーツから40バーツで行ける。そして、この駅からMRTという地下鉄に乗り換えることができる。なぜ価格が違うかというと2023年現在は運賃定額制の試験中で元々40バーツだったからである。なので少しお得になった。

ただ、この駅には国内線があるターミナル1の2階の先の方にある連絡橋を渡らないといけないので国際線のターミナル2からだと結構歩く。歩くのが億劫な方はターミナル2の目の前から出ているA1〜A4（エアポートのA）と名づけられたバスがおすすめだ。

A1はチャトチャックパーク駅（MRT）／モーチット駅（BTS）行き（どちらも同じ場所にある、MRTは地下鉄）、A2はさらに進んだビクトリーモニュメント行き、A3はルンピニー公園行き、A4はカオサン行き。基本的に料金は30バーツ程度で、車内でモギリのおばちゃんに支払うシステムだ。

Aバスは、DMT（ドンムアントールウェイという高速道路）を通るのだがDMTを降りるとやはり渋滞に捕まってしまうことが多い。なるべくA1かA2に乗ってチャトチャックパーク駅／モーチット駅でさっさと降り、そこから電車に乗って移動することがオススメだ。

以上、空港から市街までのまとめ。グッドラック！

文章の中では電車とバスを使った移動方法を紹介した
ARLはスワンナプーム空港の地下で乗れます
しかも乗り場の近くに両替所もあるので便利。
バスに乗るなら
金属の筒を持った人が近づいて来るので目的地を伝えてお金を払おう
モーチット
この方法は1人旅や2人組ならコストパフォーマンスとタイムパフォーマンスが最強である
もしグループで荷物もたくさんあるなら
アプリを使えば日本から簡単に空港からホテルへのタクシーが予約できる
klook
kkday
観光ツアーとかもラク
妹家族をタイ案内した際に私もこのアプリを利用して大型車のタクシーでホテルへ向かった…
スゴイ!!
バイクが渋滞でもがんがんすりぬける!!
うわー
マンゴー山積みで売ってる!
バイク3人乗りどころじゃない!!
4人乗ってるっ!!
お寺が光ってるよ!!
結論 バンコクはタクシー移動だけでもエンタメになる

✦バンコクの足 BTS、MRT、SRT

都市の近代化の象徴といえば、やはり庶民の足の代表である電車が挙げられるのではないか。

バンコクにはBTS（高架鉄道）とMRT（市内中心部では地下鉄）、SRT（タイ国鉄、二大空港と市街を結ぶ）の3つの電車がある。

これらは慢性的な交通渋滞を緩和させ、バンコクにある様々な街への往来をスムーズにした。加えて、古くから国有鉄道のローカル路線もあり、安価な庶民の足として一役買っている。ただ、こちらはほかの3つに対してその用途やシステムなど毛色が違うのでここでは触れない。

昔のバンコクを舞台にした旅行記やガイドブックなどを読むと、BTSやMRTが開通する以前のバンコクでの庶民の足はほぼバスだった。どこに行くにも今以上の渋滞で時間がかかることに加え、長年にわたったBT

SやMRTの建設工事はその渋滞に拍車をかけていたようだ。

そんなことから、当時を生きていた人たちに想いを馳せてこんなことを想像（妄想？）したことがある。

彼らのイメージとしてのバンコクはもっと広い場所だったのではないだろうか。やがてBTSやMRTなどの公共交通が整い移動時間が大幅に短縮されていき、そのイメージはサイズダウン、本来あるべき適正サイズになったのでないか、と。


ところで、初めて私がバンコクに来たのは2007年のことだった。スワンナプーム国際空港と市内を結ぶSRTのエアポートレイルリンクが開通する前である。

BTSは2つの大通りを冠にしたスクンビットラインとシーロムラインのみだった。スクンビットラインは、バンコク北部にあるチャトチャック公園という大きな公園近くに位置するモーチット駅から、スクンビットという大通りを南下し、東部の橋を渡ったすぐのオンヌット駅までの区間までしかなかった。山手線でいえば、半分くらいしかない。

もうひとつのシーロムラインは、市内の中央付近に位置する国立競技場駅から南下し、西部のチャオプラヤー川の船着き場があるサパーンタークシン駅までという、たった数駅。

2023年現在合計すると、BTSの全路線はゆうに70㎞を超えるが、当時はたったの約20㎞しかなかった。ハーフマラソン程度だ。

一方、MRTブルーラインは、同じくチャトチャック公園から、市街を縦断するラチャダーピセーク通りの地下を通り、国有鉄道の旧バンコク駅と中華街があるファランポーンまでしか行かなかった。今ではブルー以外にも、パープル、イエロー、ピンクまであり、しかもさらに増える予定だが、当時はこのブルーラインしかなかった。

要するに、BTSもMRTも当時はバンコク市内の最主要な部分をカバーするのみの路線だった。

そのあと、SRTのエアポートレイルリンクが開通し、スワンナプーム国際空港と市街を結んだ。これは革新的で、渋滞時の空港と市内間、車だと1時間以上かかっていたのが20分ほどでアクセスできるようになった。

ＢＴＳとＭＲＴもそれぞれ延線し駅を増やしていた。ＢＴＳシーロムラインは川向こうの西側の地区まで延伸したし、バンコク北西部にＭＲＴパープルラインもできた。


ここまでが２０１９年上半期ごろまでのバンコクの路線状況である。

たしかに私がバンコクに来たのは、ＢＴＳやＭＲＴが開通してからのことで、先人たちから比べれば移動は数段楽になっていたことは間違いない。

それでも電車だけでバンコクを観光して回ることはできなかった。

ファランポーン駅から中華街へは近いようで実際歩くとそこそこ遠かったし、その道中も夜女性が１人で歩きやすい感じでもなかった。王宮やチャオプラヤー川を渡った西側にあるワットアルン（三島由紀夫《みしまゆきお》著『暁の寺』の舞台）などは車や船を使わないととうてい行くことができなかった。

想像の中の先人たちと同様、私にとっても、脳内バンコク地図は依然として広いままだったのだ。

そんな折、2019年の9月ごろに革新的なことがMRTブルーラインに起きた。

これまでファランポーン駅が、このMRTブルーラインの西の終着駅だったのだが、そのファランポーン駅から、さらにチャオプラヤー川の地下を通り、西側へとつながる路線が開通したのだ。それにより、ファランポーン駅からラックソーンという駅までなんと11駅も増えた。それらの駅の最寄りには、これまで少し遠かった中華街に加えて、王宮、有名な寺社群、花市場、軍関連の施設、インド人街、銃販売店街、仏具専門店街、元刑務所だった公園、ジャイアントスイングなるものまである。地元民に評判の食堂や屋台もたくさんあった。

早速MRTブルーラインに乗り、新駅のひとつへ向かった。

電車がファランポーン駅に着く。

これまでは終点だったわけだからここで降りなければならなかった。でも、電車のドアは閉まる。そして、今やって来たままの進行方向へ進んでいくではないか。

もちろん新路線が開通し隣に新駅ができたのだからそりゃそうなのだが、習慣化されていたイメージが突き破られ、それはまるでゲームの裏面に突入したようなワクワク感があった。

このときの滞在期間中、私はこの新たに延びたMRTブルーラインに何度も乗り、各駅にある色んな場所をめぐった。そのために、ブルーラインの駅のひとつで、ワットアルンの最寄りでもあるイサラパープという駅の近くに宿を取り直したほどだ。

一度腹痛で新駅のひとつであるバンワー駅の救護室にお世話になった。できたての救護室はピカピカでマットレスはまだ透明のビニール袋に入れられたままだった。不名誉ながら記念すべき救護室使用者第一号になってしまったが、そのときにMRTの若い駅員さんたちに優しくしてもらった経験はマンガにもした。

とまぁ、これでも全然各駅の名所を回りきれたわけではなかったが、新しい路線のおかげで私は観光と取材を満喫することができた。今まで行けなかった知らない街が、11駅分もある。これがゲームだったら、攻略ステージが新規アップデートされた状態だ。

そんな矢先、コロナ禍となり海外に行けなくなってしまう。

やがて2年の月日が流れ去り、バンコクに久しぶりに訪れた。コロナ禍の間、バンコクでは11駅増えたどころではなく合計でなんと130を超える駅数に達していた。

もう一度いう、130駅以上だ。しかも、路線も含め現在進行で増え続けている。これがゲームだったら大型アップデートどころの騒ぎではない。続編の最新作が発売されている状態だ。このことは、私にバンコクの本来あるべき適正サイズという現実について考えを改めさせた。

それはかつて想像していたのとは違った。

イメージのサイズダウン？　とんでもない。

バンコクは広い。広すぎる。しかもまだまだアップデート中だ。みんな、早く来た方がいい。今ある景色が見られるのは、今だけなのだ。

タイの電車で思うこと
みんな本当〜〜〜に
よくお年寄りに席を譲る
おかげで私は
電車に乗ると
高齢者を探す
クセができた
のうのうと
座って
いるが…
高齢者は
いないか？
しかも
みんな
こころよく!!
コップンカー！
ストッ
ニコニコ
親切を受ける
辞退する人は
見たことがない
小さな子どもにも譲る
コレも徹底している
ぼく
座んな
タイの友人に
日本では席を譲っても
辞退する人も多いといったら
なぜッ!?
座れば
いいだろ
驚いていた

✴ Grabでちょっとそこまで

便利な世の中になったものだ。

Grabというライドシェア（２０２３年現在、日本では白タク）アプリが登場したことで、ちょっとそこまで、が劇的に楽になった。

Grab内のマップ上に発着場所をピンすれば、近くに待機しているドライバーの情報と車種と価格が出てくるので選ぶ。車種はバイクタクシー、普通の乗用車、ＳＵＶなど車の色も含め多種多様な中から選べるし、さらに女性専用やペット可、バリアフリーの有無などのオプションもある。選び終わったら、あとはクリックしてドライバーを待つだけ、ピンをした場所に迎えに来て、目的地まで届けてくれる。

タイ人は時間にルーズといわれているが、Grabに関していえば、待ち合わせ時間はキッチリ守られることが常である。私の経験上、綺麗な車や一般的なタクシーが来て、皆とても親切だ。

一番の長所は支払い。アプリにクレジットカードを登録するだけ。なので、例えば乗車時の値段交渉も降車時の精算も一切不要（タイのタクシーは原則メーター式だが、渋滞時などは交渉が必要な場合がある）。チップを払いたければ、それすらもGrab上でできる。ただ、この乗車する場所のピンが少しズレてドライバーに伝わってしまうときがある。といっても、ホテルや空港、駅やレストランとかが出発点であれば、ズレがあったとしても場所が特定しやすいので問題はない。ドライバーは勝手知りたる地元の人なので、アアココネ、ってな感じで、誤差の範囲だ。

目的地を伝える、値段交渉をするというハードな言葉の壁をいとも簡単にクリアする神がかったアプリである。

新しいもの好きなミーハーな私は、このイノベーションにわかりやすく感動し、Grabを使うのが楽しくなってしまい、当時どこに行くにも無駄にGrabを乱用しまくった。

結局、バスや電車はもとより、場合によっては流しのメータータクシーよりも高くなるときもあるので、さすがに今はここぞというときにしか使わなくなった。それでもいまだに、Grabで呼んだドライバーが迎えに来ると、クールを装いつつも、内心は、わ、本当に来た！　と嬉しくなっているし、乗車後にアプリで呼んだドライバーと挨拶を交わすときも、この人とはＷＥＢを通して出会ったんだな、と現代の便利さに感動せずにはいられなかった。

ただ注意点として、地方に行くといまだにその恩恵に預かれない場所もある。そのような場所に行くような人は、もはや本書など必要のないタイ旅のプロといえる。

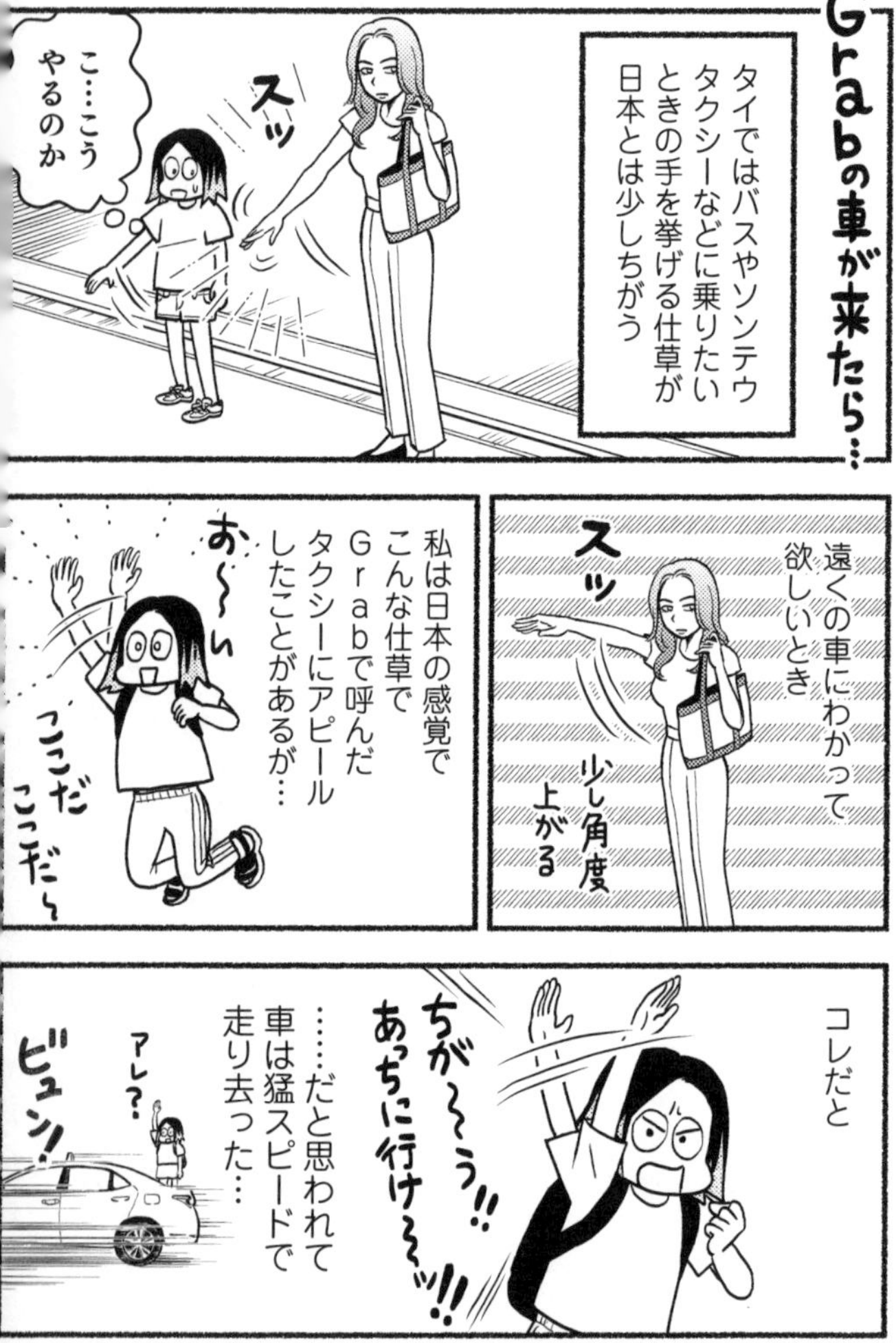
Grabの車が来たら…
タイではバスやソンテウ
タクシーなどに乗りたい
ときの手を挙げる仕草が
日本とは少しちがう
スッ
こ……こう
やるのか
遠くの車にわかって
欲しいとき
スッ
少し角度
上がる
私は日本の感覚で
こんな仕草で
Grabで呼んだ
タクシーにアピール
したことがあるが…
お〜い
ここだ
ここだ〜
コレだと
ちが〜〜う!!
あっちに行け〜〜ッ!!
……だと思われて
車は猛スピードで
走り去った…
アレ?
ビュン!

✷ドミトリー

宿には色々なタイプがある。ラグジュアリーなものから、リーズナブルなもの。よくも悪くもそれぞれに特徴がある。

じゃあどんなのがあるの？　という問いが早速聞こえてきたので今回はタイのドミトリーについて書いていこうと思う。

そもそもドミトリーは寮という意味で、ホステルやゲストハウスに設けられていることが多い部屋のタイプだ。ホステルやゲストハウスはどちらも簡易宿泊施設で、ホテルより安価に泊まれる（詳しくはほかの節で）。

ドミトリーは男女混合が一般的だが、女性専用の部屋を設けている場合も多い。世界中の色んな国から来た旅行者がいて、生活の一部を共有することで国際交流が生まれやすかったりもする。

基本的には、1つの部屋に2階建てベッドが数台入れられており、それとロッカー。2階建てではなく普通のシングルベッドが並べられているだけの場合や、部屋は共用だがカップル用のダブルベッドがついていることもまれにある。ベッドのタイプは、シンプルにマットレスというだけ。カーテンつき、ボックス型、カプセル型などの順にクラスがある。

カーテンつき以上のクラスのベッドには、大体自分専用のコンセントがつく。ボックス型のベッドは、パイプではなく木製やプラスチック製で堅牢かつ防音性が高い。このクラス以上になると小型テレビなどもついていたりする。最上級のカプセル型は、日本発祥のお馴染みのカプセルホテルのカプセルだ。

南部ムック島のゲストハウスにて。2階建てベッドと扇風機というシンプルなドミトリー

ところで、ドミトリーにはルールがある。

といってもネズやゴキが出たら困るので寝室で食事をしてはいけない、夜は静かにしなくてはいけない、といったごく常識的な範囲のものだ。ただ、この常識というのがなかなか定まらず国や人によって誤差が多分にある。誤差があるからといって、いちいち明文化をし、すべてを規則として挙げているホステルはそう多くない。つまり、大体のことはゲストに委ねている。

宿の表玄関の鍵を渡されるので門限はとくにないのだが、夜中にドミトリーの宿泊客が寝室に戻るとき、彼らはなるべく音をたてず静かに自分のベッドへ入る。話すにしてもコソコソと小声で話す。

もちろん、それでも神経質な人はちょっとの物音で起こされてしまうこともあるだろう。だからといって、夜中に戻ってきた人たちを怒る人なんかいない。帰ってくる側はなるべく静かにし、寝ている側は寛容に彼らを迎える。

万国共通、このようなお互い様的な精神がドミトリーのいたるところで自然発生していたりする。国や言葉が違えども、誰にいわれるでもなく、お互いがお互いを尊重しなるべく迷惑をかけないようにする気遣いを感じると、私はどこかホッコリさせられてしまう。常識の誤差に厳しい目を向けるのではなく、その誤差があることをスタートに、少しでもその差を縮めようとする努力を喜べる人に私はなりたい。

といっても、この誤差の範疇を大きく超えられることもしばしばあるのも事実なのだが。それらは今後もマンガのネタにします。

ドミトリーの思い出
詩人のオランダ人女性と2人になったときがあった
さすが詩人……といったところで
ブツ
このパンデミックは…
世界中に…
ブツ
私たちは…
ブツ
ブツ
自由と…
ブツ
思いついた言葉をすぐにスマホに録音して自らの言葉を紡いでいた
この習性はドミトリーでは少し困ったモノだなぁ…と思っていたのだが
ブツ…
ブツ…
彼女の方も日本人のワーカホリックぶりに充分異常を感じていたようだった
アナタ…いつ見ても
朝も夜もマンガ描いてるじゃない……!
大丈夫なの…!?
日本のマンガ家はこんな感じです
アナタだけだと思う…
心配だわ…

✦どこか詰めの甘いタイのホステル

ホステルとゲストハウスという似た形態の宿泊施設がある。厳密にいえばこの2つには違いがある。例えば、フロントがあって少しホテルっぽいのがホステル、家族経営でより規模が小さいのがゲストハウス。だが、規模が大きくフロント機能がついているゲストハウスもあるし、アットホームで家族経営のホステルもあるので、そこまで違いを気にすることはない。ザックリいうとホテルよりも小規模な宿泊施設である。

あくまでも個人の意見ではあるのだが、私が泊まってきたホステルと名を打つタイの宿泊施設にはなんとなく共通点があるように感じる。

1階が飲食店で上の階の空きスペースを宿泊所として提供しているところは大抵ホステルと名乗っていた。ホステルを営む飲食店にこれと言ったジャンルはとくになく、タイ料理の食堂だったりカフェだったりバーだったりで、繁華街にあることが多い。

部屋は個人部屋とドミトリーから選べるのが常だ。個人部屋だとダブルベッドに専用のシャワーと洗面所がついている場合が多く、それなりの広さも確保されている。もちろん掃除やタオル交換、ベッドメイキングなどもつつがなくやってくれる。一般的なタイのホテルよりは比較的に安いが、そのサービスにそこまで遜色はないように感じる。

ただ、それでも宿泊の専門であるホテルと比べてホステルはどこか中途半端なところがあったりする。どこか詰めが甘いのだ。そして、この点を、完璧性を求める日本人の観光客に低評価をされてしまうことも

必要最低限のものがちゃんと用意されている。こぎれいな友だちの家みたいな感じ

多々ある。

ところで、その日私は深夜の空港から、チョンノンシーのホステルへと到着したところだった。チョンノンシーは、バンコクの繁華街の1つであるシーロムに隣接する街だ。といっても、チョンノンシー駅周辺は夜になる割と静かだったりする。

そのホステルの呼び鈴を押すと、眠たそうな顔をしたおばさんが面倒臭そうに中へ招き入れてくれた。1階はよくある食堂だったが、時間帯のせいなのか下水の匂いが生暖かい室内に充満していた。

パスポートを見せ、デポジットの500バーツを払い、キーを受け取り、階段を上る。足元に何か見えた気がする。ヤモリか、Gで始まるあの虫か。部屋に入る直前、ある種の覚悟を決める。1階の下水臭に加えて黒カビやホコリ、ゴキ的な何かのいる部屋を想像したが、いい意味で裏切られる。白を基調とした部屋には清潔感が溢れていて、独特な香りではあるがアロマさえ漂っていた。ここが友だちの部屋なら「うわー綺麗好きだねえ、私も見習おう」とコメントする部屋である。

日本からの長旅で疲れていた私は早速シャワーを浴びて寝支度を開始。シャワーの水圧は弱かったが、ちゃんとお湯は出たのでよしとした。エアコンの取りつけ位置がいいのか、効きはいい上に寒くなり過ぎず適温を維持してくれたが、音はうるさかった。ベッドはとても硬かったが、枕の高さはちょうどよかった。

一瞬自分の脳裏をよぎった最悪部屋と比べたら上出来の部屋である。むしろありがたいとすら思う。なんせ、見習おうとまで思っているくらいだ。

翌朝、少し遅めに目が覚めた。すでに街は動き出していたが、私の部屋は大通り沿いの玄関とは反対側に位置していたおかげで静かだった。

陽当たりがとてもいいのだろう、カーテンの隙間からは強い朝の光がチラチラ入ってきていた。気持ちのいい朝の景色を見るためにカーテンを開くと一面墓地だった。

独特なアロマの香りの正体が、樹木の香りと混ざった線香の匂いだったことにようやく気がついた。

タイでは墓地は稀である。こう来たか。まさに、どこかいちいち不完全さを地でいくタイのホステルらしい、宿泊体験だった。

そもそも完璧を求めていない。でも一応ちゃんと形としてまとまっている。これは日本の習慣ではあまりない考え方であろう。そう考えると、ある意味タイのホステルは凝縮されたタイらしさを体験できる空間なのだ。ここを旅の起点にすれば、タイらしさ、その感覚をつかめてから街に繰り出せることだろう。

いつもの自分の行動よりも少しタイらしいことも、できてしまうかもしれない。

完璧でないタイ
アァ？
日本だとあり得ないことがタイでは多々まかり通る
その接客日本なら炎上するぞ
来ていただければわかるのだが
受付の人ずっと動画見てる…
Reception
タイだと不思議と気にならないのだ
とにかくテキトーが多い
友達と同じもの頼んだのにスープ皿の大きさ違いすぎ
カオマンガイのおまけのスープ
ま、いっか
が、クセになる
日本にいるときは…
何をあんな小さいことでいちいち怒っていたのか…
というマインドが生まれる
むしろ、みんな完璧ではないのだから
人に完璧を求めるより助け合えることにピントが合えばいいなと思う

✴タイのサービスアパートメント

日本では馴染みのうすい宿泊形態がサービスアパートメントだろう。管理人つきのマンションとホテルのフュージョンのようなものである。アパートではなくてマンションとしたのは、サービスアパートメントは日本でいうマンション的なスケールの建物であることが多いからだ。だったらサービスアパートメントではなくて、サービスマンションっていえばいいじゃないか、という声も聞こえてきそうだが、そもそもアパートメントの英語の本来の意味は、豪華な部屋とか賃貸マンションだったりする。とにかく、サービスアパートメントは家具つきのホテルだ。

ウィークリーマンションと違うのは、人によるサービスが受けられることである。フロント機能に加えて、部屋の掃除やゴミ出し、タオルの交換などは日常的にメイドがおこなってくれる。日本のサービスアパートメントは大体どこでも1ヶ月単位での利用が主流だが、タイでは最短1日から普通のホテルのように借りることができる。といっても、連泊した方が割安になるのだが。

私がバンコクの定宿にしているのは、このサービスアパートメントだ。

中心部だと高いしうるさい、一方郊外だといざというときに不便。なので、遠からず近からずのディンデーンという地区を定宿の場所として選んだ。

MRT（バンコク・メトロ）の駅から歩いて5分ぐらいのところで、1泊の価格は800バーツ（3000円強）。9階建てで駐車場も含めて500坪ほどのかなり広い敷地に

タイの一般家庭の人たちが住んでいるレジデンシャルエリアもある

ある。アパートメント以外にもレストランもあり共に家族経営がされていて、その家族も同じ敷地内にある屋敷に住んでいる。

このアパートメントには近年建設されまくっている高級コンドミニアムのような豪華さはないし、外観は少し年季が入っていることも否めないが、中はモダンな内装になっておりエレベーターも電化製品も安心の日本製で統一されている。ここの宿のオーナー兼総支配人で最近還暦を迎えたばかりのターおばちゃんの熱き指導のもと、多くの若くて元気なミャンマー人メイドたちが元気よく働いていていて活気がある。おかげで、室内は清掃が行き届いていていて非常に快適だ。

そしてプール。これは目玉と言ってもよい施設である。もちろん高級ホテルにあるような大きなものではないが、水質のメンテもしっかりなされていていて綺麗だしリフレッシュにはちょうどいい。

800バーツの価格帯で、バンコク中心部に駅近プールつきの宿を探せばあるにはある。が、そのクオリティの担保までとなると大分その数は限られてくる。

ところで、こちらのサービスアパートメントで私は大体6時ごろに起きる。そして朝ごはんを食べたら、すぐに執筆開始だ。

地方都市に滞在しているときと違って、バンコクにいるときは大抵締め切り間近で忙しい。時間がないから心の余裕がない。よって、どこかに行こう、なんていう気持ちはなくなり行動範囲はどんどん狭くなる。

結果、最終的にはこのサービスアパートメントの一室がほぼすべての行動範囲となってしまう。そして、行動範囲の狭さに比例して、脳の動きが鈍くなりアイディアが出てこない悪循環に陥る。

そういうときは一旦筆を置いて、それこそ、プールで泳いだり買い物やマッサージに行ったりでもすればいい。

しかし、そもそも時間の余裕がないからこそ、そういった状況に陥るのである。

気分転換のためマッサージに行きたいが時間などない。そして悶々としているうちにマッサージに行っていたはずの時間は過ぎている。結局仕事もリフレッシュも何もできていない。バカか。タイまで来て、何をしているんだろう。

その日はまさにその最悪な状態で、部屋で缶詰になりながらもうまく描けず苦しんでいた。

15時ごろ、ミャンマー人の女の子が部屋の掃除に来てくれた。お昼の時間にも1度来てくれたのだが、作業に集中していたので、ほかの部屋が終わってから最後に来てもらうように頼んでおいたのだ。

掃除の邪魔にならないように1階のプールサイドへ移り執筆を再開した。ただ、やはりアイディアは浮かんでこず、iPadの画面と拷問のごときにらめっこは続く。

そのときだった。

「ほれ」

といって宿の女主人のターがお膳を私の机の上に置く。

お膳の上には、できたてのカオパッ（チャーハン）と冬瓜のクリアスープとバナナとココナッツミルクのぜんざいが乗っていた。

え？　っとなった私に、

「作りすぎた。食べな」

と、ターはいった。

私がお礼をいいおわる前に、ターはさっさとフロントの仕事へと戻っていった。

正直ストレスのせいでお腹はまったく空いておらず、朝から何も食べられなかった。ただ、だからといって手をつけないのもターに悪い。とりあえず一口だけなら、とカオパッをスプーンで口に運ぶ。

あれ。

お腹、減ってるな？　カオパッを次々と頬張る自分がいた。頭で考えるより手が止まらない感じだ。途中むせそうになったので冬瓜のスープで流し込む。最後にぜんざいで締める。

ここでは文学的に味の表現などをするのが常かもしれない。ただ、そんなことさえ陳腐に感じてしまうほどに、ただただ美味かった。完食。

「ご馳走様でした」が自然に出た。

次に栄養が巡り、脳が活性化したからなのか、手が動き出し、原稿が進み始めた。

プールサイドからフロントにいるターを見る。ターは眉間にしわを寄せてモニターとにらめっこをしていた。忙しいときはいつもこの表情だ。ふと目が合う。ＯＫ？　とターが口だけ動かして聞いてきたので、私は顔を2度縦にふって応えた。ターはニコッと笑い、また作業に戻る。

それにしても、ターはなぜしょっちゅう食事を作りすぎるのか。またご馳走になってしまった。

ターとわたしは不思議な友情ができて、ターの実家のウタイタニに一緒に帰省した
ป่ะ
ぱ！
ウタイタニは大自然!!
すごく変な生え方の木
バンコクからはミニバスで行った from ミニバスターミナル
※チャトゥチャックの大きいバスターミナルの向かいにある小さいバスターミナル
鳥がすごく多い
いつかドライブしてまわりたい
お店が少ない分市場があった。
田園風景がとても美しい
ターは選挙のために帰省していた
タイでは現住所でなく実家に帰って投票する人が多いそうだ
何時間もかかる道のりでも投票率は75％を超える

✴オススメの宿　泰式B&B

日本に旅行に来る外国人の友だちにオススメしているのは旅館や民宿だ。ラグジュアリーな高級ホテルでもいいのだが、より日本を感じられる宿が喜ばれると思うからだ。

例えば、もう閉館してしまったが、神楽坂にあった和可菜《わかな》という古い旅館の話。この旅館にはインターネットもないしレストランもついておらず、大正生まれの女将が1人で経営する古い旅館だった。

しかし、その小津安二郎《おづやすじろう》や溝口健二《みぞぐちけんじ》の映画に出てきそうな和的な佇まいを、心憎しと感じる外国人観光客があとを絶たず、バックパッカーの学生から、お忍びの著名なクリエイターや政府の高官まで訪れていたという。

また、人情味がありながらもつかず離れずの絶妙な間を保つ、日本らしい接客も外国人観光客の心を打った。和可菜にはホームページすらなかった。

それでもここを目指してやってくる外国人観光客が大勢いたのだ。異国から来た旅人が1番求めるものは、ピカピカのホスピタリティよりも、異国情緒であったりする。

では、タイにはたしてそんなところがあるのか？　答えは場所によってはまぁまぁある、だ。

それが泰《たい》式B&Bである。といっても、この泰式B&Bは今作った言葉である。造語でなければ民宿や前節で紹介したゲストハウスなのだが、どうもそれらだとしっくりこない。なので、なるべく体を表すように造語にしてみた。

改めて、泰式B&B。

その多くは東南アジアの伝統的な高床式住居をリノベーションして宿にしている。また、華僑が物流に使っていた倉庫などがベースになることもある。日本でも人気のある古民家リノベーションである。

ところで、その日の朝、私は北部の街ナーンにいた。バンコクの知り合いにすすめられて初めて来た土地だった。自然に溢れ王族も避暑で赴く土地だということで、それは都会疲れをしていた私が求めていた場所のように思えた。

私は街の中央にあるワットプーミン（ワットはタイ語でお寺）の近くにある一泊4000円ぐらいのホテルに泊まった。当時のレートでいえば、大体1200バーツぐらい。普段の私からすると結構贅沢な価格だった。

そのホテルは悪くはなかったが、せっかくバンコクの喧騒から抜け出し、ほんのりとアドベンチャーを求めていた私にはどうも普通すぎる感が否めなかった。いうなれば、そこは少し高級なビジネスホテルという感じ。異国情緒を求めるとしたら、どうにも整いすぎてる。こんなど田舎（失礼）まで来ておいて、万国共通センスのビジホで終わるのは味気ない。

荷物を置きシャワーを終えた私は、ランチとスクーターを借りに行くがてら散策に出かけた。

ナーンの街はこぢんまりとしていて静かだが、だからといって寂しい感じではなく、タイらしくゆったりとした平和で温かい時間が木漏れ日と共に流れている、そんな感じだ。つまり大変過ごしやすい。タイ語でいえばサバーイ（快適）この上ない。

正午すぎ、だいぶ暑くなってきた。汗をスクーターの風で抑えながらの帰り道、ホテルの裏側を通ったところで趣のある古民家を発見した。暑かったので少し面倒ではあったが、興味がわいたのでスクーターから降りて確認してみる。

門より少し入ったところに、大きな高床式の建物が建っていた。木々の中に佇む古い木造の古民家、ちょっとしたジブリアニメの世界だな、とありきたりな小並感をもって眺めていたら、その家の人と思わしき婦人と目が合ってしまった。

他人の家を覗き込む不審者だと思われたのでは！　と危惧するより早く、婦人は2～3回手を振り、そのご手招きをしてくれた。

手招き？　私にだよな？　と思いキョロキョロ見渡すと、門のところに小さな木の看板がぶら下がっていることに気がつく。

そこにはカフェ＆ルームスと書いてあった。

なるほど、ここは民宿で私のことを客だと思ったんだな、と手招きの理由を察知した。婦人は30代後半くらい。化粧気はないが肌がツヤツヤしていて健康美に溢れた美人だが、笑い声が豪快なお姉さんだ。タイ語アクセントの少ない流暢な英語を話す。自分は予約客ではないが見学をしたい旨を伝えると"Why not?"（もちろん！）と二つ返事でOK。

高床式の下のスペースの中央付近にはキッチン。オシャレな食器やお菓子やスパイスなどが入ったガラスの瓶がカウンターに調度品のように並べられていた。そのキッチンの周りをソファやハンモックが取り囲むように配置されている。

ハンモックでは婦人のお母さんが真剣な表情で読書をしていたが、こちらに気づくと老眼鏡を上げてニッコリ挨拶してくれた。何がとはいわないが、もうこの時点で7割決まった。ただ、このまま先に進む。階段を上り建物の中に入ると、室内がひんやりとしていて意外と涼しいことに気がつく。窓が全部開けられ、網戸になっているため風通しがすごくいい。床板はツルツルに磨き上げられ木の感触が足の裏から伝わりとても快適だ。現役として使われている棚やタンスなどの味わい深い古い家具がインテリアとしても映える。ここでいう映えというのはオシャレ感を狙ってヤリにいっている自己顕示的なものではない。この土地にあった古いものが、この土地の光の中で映えているのだ。

かのデンマークの巨匠ヴィルヘルム・ハンマースホイの絵画のような、悠久な温かみを感じさせる雰囲気と時間が織り重なった結果としての映え、である。つまり、なんかこういう高尚なことをいいたくなるぐらいいい感じ、ってことだ。

客室を何室か見せてもらう。どの部屋も清潔に掃除されており、ダブルサイズのベッド、シェードがついた白熱灯のランプ、衣装棚、机と椅子が置かれていた。そこに網戸を通して入るそよ風。素朴なコットンのカーテンが揺れている。この地方はコットンも有名だ。寝具にも顔を埋めたくなるいい風合いのコットンがピシッとよそゆきの顔をしている。

シンプルこの上ないにもかかわらず、タイ的な伝統と優しさに溢れたバイブスの中とても贅沢な気分になれる部屋だった。

もうこの時点でとっくに10割決まっていた。私は一泊の宿泊費を婦人に尋ねた。

婦人は古い記憶を思い出しながらいうように、

「エアコンつきが６００バーツ。扇風機の部屋なら３００バーツ、だったけかな」

３００バーツは１０００円強。耳を疑う。

そして婦人は、

「ごめんだけど、電気代が高いからエアコンつきは倍にしてるんだわ。ただ、扇風機で十分涼しいし安いから泊まるんなら３００バーツの部屋でいいんじゃない？」

と、申し訳なさそうにいった。

翌朝、早速ビジネスホテルをチェックアウトし、こちらにお世話になったことはいうまでもない。

これが私と泰式Ｂ＆Ｂとの出会いである。

タイの古民家宿は
高床式住居になっている
木造でチーク材
室内は経年で磨かれた
ことによって飴色に輝いている
窓が多くて風通しが良く
朝起きて窓を開けたり
寝る前に閉めたりするだけで
この家で1日過ごせて
良かったなと思える
北部にも南部にも
古民家の宿は意外とあるので
一度は 体験してほしい

古いツヤツヤのチーク材は現代では忘れていた感覚を思い出させてくれる
ギシ
ギシ
行儀よく歩くようにしよう
実際子ども時代をこういった家で過ごしたタイ人はお母さんにいつも怒られていたといってた
静かに歩け～～ッ
バタ
バタ
バタ
こういう宿は共有スペースも心地良い

✴泰式B&Bにしかない朝

さて、簡易宿泊施設ではどんな朝ごはんが提供されるのだろうか。食パンとマーガリンやジャム、たまにピーナッツバターやヌテラ。バナナ。コーヒーと紅茶。これが基本だ。ここにコーンフレーク、牛乳やヨーグルト。また、旬の果物がつく場合もある。つまり、トースター以外の調理器具がいらない簡単なコンチネンタルブレックファーストだ。この辺りは、サービスアパートメントやバジェットホテルでも同じようなものだったりする。これは基本的なメニューでどこでも同じではないし、逆に必ずあるとも限らない。

泰式B&Bではその宿のオーナーのスタイルが出ることが多々ある。そしてこの点も楽しみの1つだったりする。こちらの場合は調理が必要なので前もって朝ごはんの時間を伝えておく必要がある。メジャーどころのパッタイ（タイ風太麺焼きそば）、ガパオ（ひき肉の炒めのっけ丼）、カオパッ（チャーハン）などが多いのだが、アッサリしていたり辛さが抑えられていたりと、普段屋台や食堂で口にするタイ料理とは少し違う家庭的な味を楽しめる。バナナとココナッツのぜんざいや、カノムモーゲンと呼ばれるタロイモの焼きプリンなど、泰式B&Bでの朝食を通して初体験したスイーツも少なくない。

私がナーンの2日目からお世話になった泰式B&Bでは、オーナーの婦人が農園も営んでいたことから、そちらで採れた新鮮な野菜や果物をふんだんに使ったベジタリアンメニューが朝の食卓に並んだ。トマトやナスやズッキーニは瑞々しく天然の甘みを含んでいたし、きのこ類も大地の力強さを感じる歯応えがあり、どれもちょっと塩胡椒をふるだけで十分おいしい。ベジタリアンではないが、野菜の味には結構うるさい私が感動してしまうほど。加えて、マフィンやスコーンなども出てくるのだが、これらは婦人が窯で焼いた手作りだ。もちろんクッキーなどもある。

それを朝の涼しい時間に屋外のダイニングでいただく。なんとも素敵な朝ごはんだった。うらやましい限りだ。わかっている。もう来るしかないだろう。実際、本書はそういう本でもある。

ところで、ナーンでは早寝早起きだった。この日の起床は早朝4時15分ごろ。前日よりも15分早かった。

冷水で顔を洗って目を覚ます。外を見ると昨晩降っていた雨はしっかり止んでいた。

1月のナーンの朝は寒い。日本から持ってきたダウンを着こみスクーターで山の頂上付近にある寺院、ワット・プラタートカオノーイへ向かう。片道15分程度、ナーンの朝は市場を源にすでに鼓動を開始している。まだ暗いその市場の雑踏を走り抜け、街外れにある世界的なマルチ商法の会社の看板を右折すれば山の入り口だ。寺院に続く長い階段を周回するようにグネグネと山道を上っていく。やがて山頂に近づくと大量のテントが見えてくる。キャンパーのものではない、この寺院に短期出家している少年僧たちのものだ。私が寺院の駐車場に到着するころ、彼らもちょうど朝の活動を始めたところのようだった。

少年僧は全部で100名以上は確実にいる。

彼らはいつもと同じように、境内の掃除や住職の朝の説法会の準備などを分担して行なう。

そのほかの係ではない少年僧たちは、行の1つなのだろうか、先ほどの長い階段の往復ダッシュをしに行く。そんな多忙な早朝の少年僧たちを横目で応援しながら、私はお目当ての場所へ早足で向かう。なぜ早歩きかと言うとまだ昨日も一昨日も見られていなかったから、気がはやっていたし1分1秒が大切だったからだ。

何を？　なぜ？　それに答える余裕がないので先へ進む。

寺院の駐車場の反対側は展望台になっているのだが、その展望台には大きなお釈迦様の仏像が聳《そび》え立っている。仏像は右足を少し引きわずかに半身に構えていることから、これからどこかへ向かうような姿勢にも見える。その目線は山の反対側の闇の宙《そら》へと向けられている。私は仏像の後方のあずま家に腰を下ろし〝それ〟を待つ。

よかった、まだ暗い。そして昨夜は雨、今朝は晴れでしかも無風。完璧なはずだ。

顔見知りになった掃除係の少年僧がやって来て、

「お、日本人がまた来てる。今朝は見られるよ」

と、自信アリ気にいうと仏像の目線の先の闇の宙を指差す。同感だ、と私も顔を縦に振ってみせる。少年僧のおかげで確信に変わる。

やがて徐々に闇が朝日によって明けていき、それにともない空も色温度をグングン上

小高い山の上にある寺から見える雲海

げていく。本日の太陽がどんどんと自己主張を強めていき、8分前の世界から自らの輝きをナーンの地にも届ける。

お釈迦様の目線が直線的に朝日を捉えるころ、同時にその光線を一身に受けた御身は金色に輝く。

そして少年僧がいう通り、〞それ〟はしっかり現れた。いつしか太陽の下には、まるで陸地のように分厚い雲が一面と広がっていた。

雲海だ。

その雲海に、金色に輝くお釈迦様が一歩踏み出そうとしている。生きているうちにワンカットだけ見られる極楽。そんな光景に圧倒された私はただただ多幸感と共に呆然としていた。

小1時間ほど、そうしていただろうか、やがてすっかり陽が上がり、気

大鍋で熱々のお粥が振る舞われる

温も少し上がってきた。ダウンを脱ぎつつ、ふと本堂の方を見ると、住職の説法会を終えた少年僧たちが本堂前の屋外集会場に敷かれたゴザに座って、朝ごはんを食べ始めていたことに気がついた。

どうやら、町のおばちゃんたちが大鍋で作ってくれたお粥のようだ。途端に空腹を感じた。

実際そろそろ6時30分。朝ごはんの時間として伝えといた時間だ。帰路、さっき見たお粥が食べたいなぁと思いながら急いで戻る。婦人は朝食を作って待っていてくれた。

「今朝はお粥だよ」

早速、御利益があった。

✴信頼と愛情の泰式B&B

泰式B&Bを含め簡易宿泊所のチェックアウトは無人であることが結構多い。

この無人チェックアウトシステムは、エアビなどの民泊ではお馴染みではあるが、最近では日本のビジネスホテルでも導入している。

タイの簡易宿泊施設の無人チェックアウトも同じだ。基本はフロント周辺に返却ポストがあるので、そこに鍵を放り込むだけ。早朝でも深夜でも好きなときにチェックアウトができる。もちろんフロントに人がいるときはその人に渡してもいい。

泰式B&Bでは、そもそもフロント機能がない場合もたまにあるが、オーナーが宿とは違う場所に住んでいることもある。そのときは部屋なり郵便受けなりにオーナーの指示に従って鍵を置いてくればいいだけだ。

日本の先進的なビジネスホテルと、往々にしてアナログを地でいく泰式B&Bとが似たシステムを持つことに少し不思議さがあるが、その前提条件は似て非なるもの。

例えば、日本のビジネスホテルの場合はしっかりとシステムに落とし込まれていて、それ専用のアプリやマシーンが完備されている。加えて、その周辺にはセキュリティカメラもしっかりと起動した上での無人チェックアウトだ。不測の事態があった場合はホテルマンが迅速に対応してくれる。

一方、泰式B&Bの場合はオーナーが近くにいないから、とか、朝早く起きるのが面倒くさいから、という文脈での無人チェックアウトだ。セキュリティに関しても、このお客さん、いい人そうだし大丈夫じゃね？　といったノリの少々ご都合主義的な性善説にのっとっている。

私はこれまでも発つ鳥跡を濁さず、を地でいき無人チェックアウトをしてきた。

ただ、実際日本でも起こってしまっているが、もし悪い客が備品を盗んでいったらどうするんだろう？　と、つい老婆心が出てきてしまう。

ところで、ナーンの古民家に移ってから1週間が過ぎた。ナーンでの私のスケジュールはなかなか規則正しかった。20時にもなれば街の店はたいがい閉まるので、街のペースに合わせて生活すると早寝早起きになるのだ。朝は大体4時ごろに起きてスクーターで山の上のお寺に日の出を見に行く。朝の市場をウロウロすることもある。帰宅してシャワーを浴びたら、婦人の作る完璧な朝ごはんを食べる。食休憩をしたらまたスクーターでフィールドトリップに出かける。前日に山の方へ行ったら、翌日は川沿いを攻める。または、郷土資料館や美術館といった箱モノを見学しにいく。

11時ごろになったら食堂でランチ。当時は、白菜の酸っぱいおしんこがついたカオソーイ（タイ北部のカレーラーメン。50バーツ）にハマっていた。正午以降は屋内にこもって仕事を開始。どちらにせよ正午以降は暑くなってフィールドトリップもしんどくなってくるのでちょうどよい。近くのカフェで仕事をすることもあったが、結局宿の方が色々快適なので大体は宿に戻って作業をしていた。実際、宿のＷｉ－Ｆｉはビュンビュンで快適だったので助かった。

ひとつ問題があるとするなら、どこで作業をするか？　だ。

自室、高床式の下のカフェスペース、古民家の中の共有リビングルーム、あと朝ごはん用のダイニングテーブルも捨てがたい、といった贅沢な選定が悩ましかった。

結局その日落ち着くトコで作業をしていると、婦人か婦人のお母さんがやって来て、

「今日は砕いたカシューナッツなどを入れてみました。どう？」

などといいながら、その朝に焼いたクッキーと熱々のカフェオレを持ってきてくれた。

夕方になると、宿の近くのワットプーミンというお寺に出かけ、世界平和と旅の安全と本が売れること（せめて1万部）を祈願したのち、テキトーな食堂で夕飯を済ませる。週末であれば、お寺の前の大通りに様々な屋台が並ぶ夜市が開かれるので、そこで買い食い、だなんてはしたないことはしない。お寺の駐車スペースに大きなゴザが敷かれるのでちゃんと座っ

て食べる。ここでは生バンドの演奏もあるのだが、やがて近所のおじちゃんやおばちゃんが参加し、輝け！　ナーン街角カラオケ大会化する。

宿に戻るとフォロースルー的にその日の仕事の仕上げをおこなったり、日本の家族とLINEをしたり、婦人とそのお母さんやほかの泊まり客と世間話をしたり、まったりゆったりとした夜の時間を過ごす。そして22時を過ぎるころにはもう起きていられず、寝支度を済ませ床に入る。

ラグジュアリーなホテルではないが、まるでもう一つの家にいるようなバイブスに満ちた毎日だった。

ある日、私がフィールドトリップとランチを済ませて宿に戻ると誰もいなかった。

ほかのお客さんもいない。

私だけだ。

一瞬こんな昔話があったことを思い出した。ただ、まぁ、そんなわけがない。

高床式の下のカフェスペースに行くと、カウンターに私あての置き手紙があることに気がついた。

「ちょっと皆で農園に行くことになったので留守おねがいします。夕方には戻ります。PS．瓶の中のクッキー食べて。本日はひまわりのタネを入れてみました。仕事がんばって！」

と書いてあった。

なんか嬉しかった。

タイの古民家にはタイのコットンの
寝具やカーテンがぴったり合って
よい雰囲気
あれ？
この部屋タオルない？
あのータオルを貸してもらえますか？
そこにあるじゃない
えっこの!?
いったんもめん的な
ぺら〜〜ん
ペラペラの布キレ!?
ペラペラの布キレはパーカオマーといい
ペラペラだが吸水性も高くすぐ乾き寒いときは膝掛けとなる
すぐに市場に買いに行って旅の最高の相棒となった

第2章 タイな日々

✴ただいま、タイ

約2年ぶりにタイへ行くことになった。

行けなかった理由は、もちろん未曾有のパンデミックだ。

実際、それまでの期間でもタイに行けないことはなかった。ただ、有事の厳格な入国審査のための大量な書類に加えて、最長2週間という隔離期間をへる必要があった。

私が再び入国を果たした2022年の2月ごろは、それまでのコロナウイルスより弱毒だとされたオミクロン株に変異していたときだった。TAT（タイ国政府観光庁）からの協力を受け、ポストコロナに向けて、タイ観光をPRする仕事としての渡泰であった。書類関係はTATの助力を得られ、多少なりとも少なく済んだ。それでもTEST&GOという検疫隔離免除を取得しなければならないことには変わらず、その煩雑さには心底辟易した。

当時の私が苦労して集めた書類を備忘録という意味も込めて共有させていただく。コロナ禍の海外旅行は、こんなふうだったのかという資料として読んでいただければと思う。

もはや誰の役にも立たない情報だろうし、未来永劫役に立つ日が来ない方がいい。そして本当に大変だったので、せめて同情してもらいたい。
・タイランドパス（入国許可システム、入国7日前までに事前登録必須）の登録後に発行されるQRコード
・ワクチン接種証明書（英文）
・治療費2万ドル以上相当の治療保証のある保険証（英文）
・72時間以内に発行されたRT-PCR検査（ウイルス遺伝子の検査）の非感染証明書（英文）など
このうちのどれかひとつでもため息をつきたくなるのに、これらすべてを用意しなければならなかった。

しかも、タイランドパスの登録証明はEメールで返送されるのだが、な

ぜか個人差があり同時間帯に登録した人にはとっくに届いているのに自分にはなかなか届かなかったり、高額なPCR検査とその証明書代金を安く済ませられるところを必死に探したり、さらにその結果待ちで半日ヤキモキしたりと、精神的に削られることしかなかった。

その後なんとか書類が揃い、ZIPAIRというLCCでタイへ飛んだ。6時間半後、ついにスワンナプーム国際空港に到着。まもなく日付が変わるところだった。

このときのスワンナプーム国際空港の様子や出来事はXでマンガにして紹介している。

2年ぶりのタイ入国。

SIMをゲット後、SHA++/AQといった政府から隔離検疫の認定を受けた提携ホテルの送迎車に乗ってホテルへ向かう。車中、モーチャナ（チャナ先生）というアプリをインストール。これは絶えずONにして滞在中は携帯のGPSで追跡可能な状態にしなければならなかった。正直なところ、何の役に立っていたのかはわからない。

TATの計らいで、珍しく高級ホテルに泊まらせてもらったのだが、ホテルに到着後すぐにチェックインができるわけではない。入国後にもRT－PCR検査が必要だった。

ホテルの広い駐車場の奥の方に、白の防護服を着たナースが待機していて車上で検査を受ける。鼻の奥の方まで綿棒を入れられ鼻腔ぬぐい液を取られるのだが、これがこそげとるようにされるので結構痛い。そして、ようやくチェックインとなるのだが、そのままPCRの結果が出るまで部屋から出てはいけない。当時、イスラエル人や中国人がこのルールを破って逮捕されていた。

部屋から出られず、ルームサービスを頼むより食事をする術がないのだが、高級ホテルのルームサービスは目が飛び出るほど高く、この代金は自腹であった。オーダーを厳選しスープだけ食べると、その晩はさっさと寝ることにした。

……のだが、もし陽性だった場合は病院へしょっぴかれるのか、その期間は何日間になるのか？　そのことが気になって眠れない。

そのことはいくら調べてもどこにも明記されていなかった。それも当然で、この当時タイに行く日本人はあまりに少なく、データもあまりにも少なかった。事実、私たちが乗ってきたタイ行きの飛行機にいた乗客は10人以下だった。

2年ぶりにタイに来るために、あれだけ大変な思いをして書類を集めたのに、さっき駐車場で受けた検査の結果が陽性だった場合はすべてが水の泡と化す。

当時はよく「無症状だが陽性」という言葉が飛び交っていたので、大丈夫だろうと思える楽観はどこにもなかった。せっかくの高級ホテルのふかふかのベッドが、やけに寝づらく感じた。

翌朝、やはりそわそわしながら待っていると、忘れもしない、8時40分。昨夜に受けたPCRの陰性の結果がメールで届いた。陰性。これでようやく検疫隔離が免除。つまり、部屋を、いや街へ出てよかった。私はそのまま大手を振って高級ホテルの朝食会場へと出向き、いつかここに母親を連れてきて親孝行するか……という幸せな妄想に浸りながら、エッグベネデイクトを頬張った。私にそのホテルを利用する経済力はいまだになく、母親がエッグベネディクトを食べるにはいたっていないが。

以上、これでも大分手続きが簡略化された時期でもあったのだが、本当に大変だった。


ところで、このときタイへは成田空港から出発した（2023年時点では羽田－スワンナプーム間を飛ぶLCCも多い）。

夕方前の成田空港は、ガランという擬音が大きな文字として空間に浮かんでいるのが目に見えるほどにガランとしていた。点滅しながら右へ左へと動く勤勉なお掃除ロボットは、このガランをさらに強調しているように感じさせた。

想像しづらいとは思うが、あの広大な成田空港の中、見渡す限り自分以外の利用客が見当たらないというのはなかなかにシャイニング（S・キューブリック監督作品）的なオカルトだ。

やがて出国。

荷物検査はこれまで経験したことがないほどに、慎重かつ懇切丁寧に行われた。
なんと6人がかりだった。
検査が終わったあと、リーダー的な男性が、
「お気をつけて、行ってらっしゃいませ」
とまでいってくれた。
あの心底煩雑な書類を用意したことが、少しだけ報われた気がした。

新型コロナウイルスによる
パンデミックの期間は
読者の方も日常の大切な
何かを奪われたことだと思う
私もタイの漫画を描いていながら2年間まったくタイに行かなかったが
奇跡的にタイ国政府観光庁の計らいでタイに入国できることになった
ゴオオオオオ
ARBOCKS
久しぶりに到着したスワンナプーム空港はほぼ誰もいなかった
もう2度とあんなに誰もいないこの場所を見ることはないだろう

とにかく
やっと
帰って来れた
ただ私には
少し気になる
ことがあった
ハラ ハラ
コロナ禍で
日本にいた
2年間
記憶を頼りに
タイの漫画を
描いていた…
タダ
かわいい娘は
特別にかわいく!!
面白い思い出は
気持ちを込めまくり
タイに行けない
悔しさも相まって
タイの面白さを
力を込めて表現した
のだが…
私……
盛って
ないか!?
現地の感覚を
つかめていない
から…不安だ!!
しかし

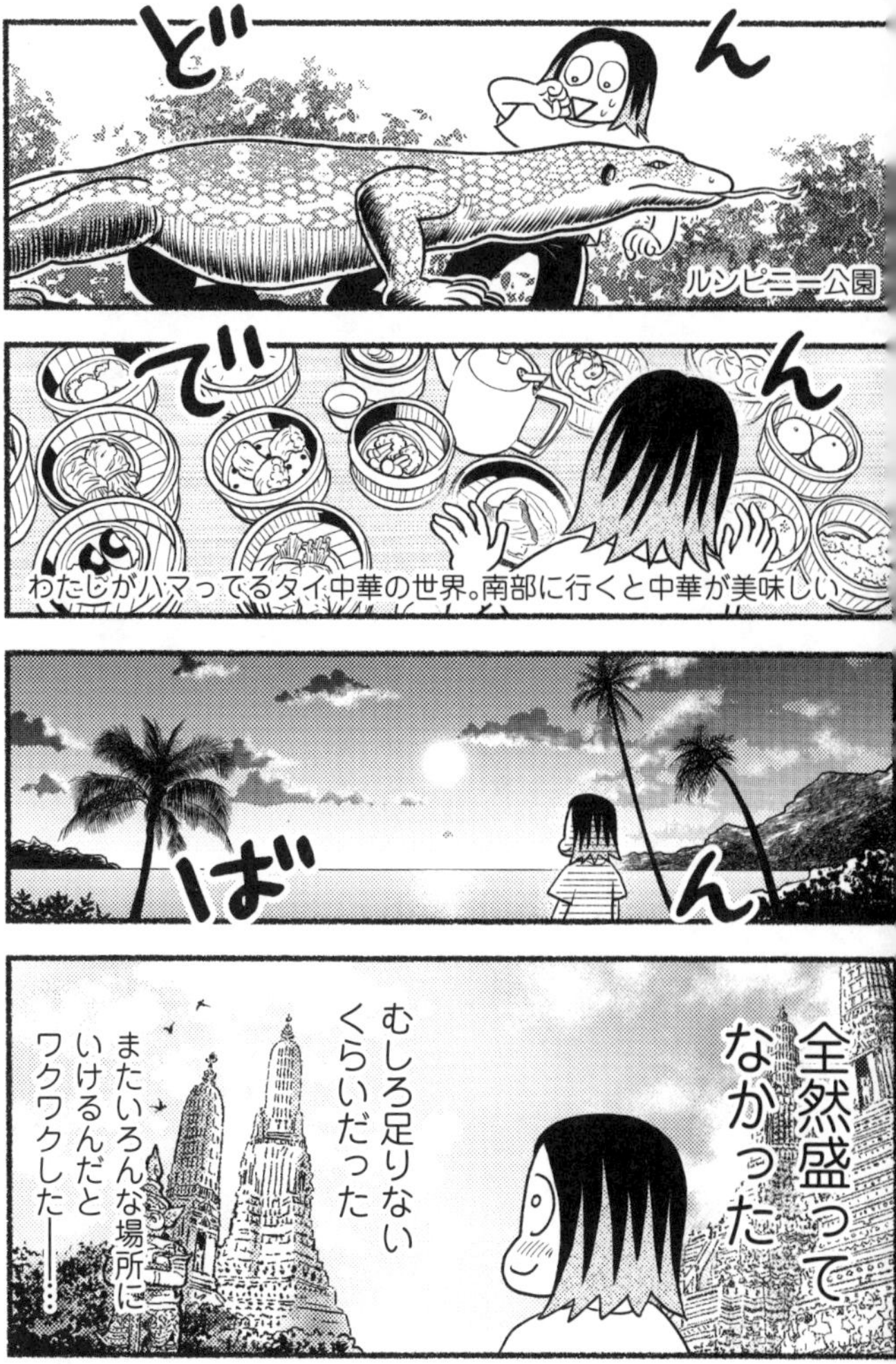

どどん
ルンピニー公園
でで〜ん
わたしがハマってるタイ中華の世界。南部に行くと中華が美味しい
ばぁ〜ん
全然盛ってなかった
むしろ足りないくらいだった
またいろんな場所にいけるんだとワクワクした――…

✴ 暑いタイのシャワー事情

タイは暑い。

ちょこちょこ書いているがなるべく午前中にアウトドア的なことは済ませて、正午前後から日暮れまではなるべく室内で完結する作業に時間をあてている。

それでも、ちょっとコンビニに行ったり屋台に行ったり、カフェへ移動したり、となんやかんや外に出ることは多々ある。

日中はちょっと外に出て戻ってくると、もうそれだけで汗びっしょりだ。これは外国人だからというわけではなく、往々にしてタイ人でも同じ。

タイ人は特に身の清潔への意識が非常に高い人が多く頻繁にシャワーを浴びる。とりあえず起床後と就寝前は必ずといっていい。それに加えて、外から帰宅すると都度シャワーを浴びる。日に3〜4回などはザラで、5

〜6回ぐらい浴びる人がいても、とくに不思議ではない。

乾きやすい気候ということもあるのだろう、定宿の公共スペースで作業をしていると、宿のオーナー家族がシャワー後の濡れた髪でいるのをちょこちょこ見かける。タイ人宅にホームステイしていたときもシャワーはしょっちゅう誰かが使っていた。

そんなシャワー事情なのだが、一昔前までは外国人が多く泊まる中級以上のホテルやサービスアパートメントなどでないと、お湯の出ないシャワーに遭遇することもたまにあった。給湯器自体が脆弱でお湯になるまですごく時間がかかったり、出ても1分くらいで冷めてきてしまったり。水圧も低くお湯が出てもチョロチョロ、とかもまぁよくある話だった。

最近はだいぶ給湯器のレベルが上がり、観光地であればちゃんとお湯が出るシャワーが多くなってきたように思う。

ただ、それでもたまに水のみのシャワーもある。というのも、水のみでこれまでやってきて、それに不都合を感じないタイ人が多いからだろう。現代風の施設や家屋ではさすがに見かけないが、タイの少し古い家に行くと水を張った石造りの水槽が置いてあるのをよく目にする。大きなポリバケツの場合もある。また、屋外であれば甕《かめ》だったりする。それらの水面にはプラスチックの手桶が浮いているので、これを使ってサッと水を浴びる。トイレを流すときにも使う。道端や玄関先に甕が置いてあるのもよく目にする光景だ。

これは単なる装飾品としてではなく、タンブン（施すことにより来世に向けて徳を積むという仏教観）の一環で、元々は通行人が喉の渇きを潤したり手足を洗ったりなど、水が必要になった際にすぐに使えるように設置する風習の名残だそうだ。これはタイに限ったことではなく、ラオスやミャンマー、ベトナムといった、ほかの東南アジアの仏教国でもしばしば見かけられる。

ところで、定宿にしているサービスアパートメントでは、私は常連ということでだいぶ安く部屋を貸していただいている（きっとこれもタンブンの恩恵）。

何も恩返しはまだできてないのだが、タイは電気代が比較的高いので、せめて電気はなるべく無駄に使わないように心がけている。とくにエアコンは金食い虫だ。

ただ、やはり外から帰ってきて部屋が暑いのはつらい。エアコンをかけっぱなしにしておけばいいのだが、それだと電気代が嵩んでしまう。なので、私はタイ人にならって、帰宅したらすぐにタイ風に水シャワーを浴びるようにしている。つまりタイ化だ。

たしかに一瞬ヒャっとなるが、といっても、炎天下の水道水はそこまで冷たくない。火照った身体が一気に冷やされるのはすこぶるサバーイ（快適）だ。

水浴びで熱が身体から取り除かれれば、あとは窓から入ってくる風で大体ことたりてしまう。風通しがよくなければ扇風機で十分だ。完璧である。これで完全にタイの気候に馴染んだ。私のタイ化が完了したのだ。

ついでにいうと、エアコンの使いすぎは喉や眼やお肌によくないし、そもそもあまり健康にいいとはいえない。

この水浴びを取り入れてから、バンコクの定宿だけではなく、ほかの街でも、そして日本の夏でも私のエアコンの使い方は変化した。

自分のタイ化に満足していたのだが、タイの友人はエアコンの効いた場所に行くと「あぁ！　一日中ここがいい！」という。

「ここ数年、毎年どんどん暑くなってきてるよなぁ、子どものころはこんなに暑くなかった。エアコンないと無理だよ」

と、日本の私たちとまったく同じことをいうのであった。

高温!! 汗!!
湿度!!
こまめにシャワーを浴びないと
体がベタベタですぐ痒くなるし蚊にも刺されやすくなる
汗のにおい…
汗のにおいはどこや…
タイにはベビーパウダーの類いがたくさん売っている
私のおすすめ
SNAKE BRAND PRICKLY HEAT ORIGINAL COOLING POWDER
タイ人に人気
Protex
肌がサラサラになるメンソール効果アリ夏の気候にピッタリぜひ一度試してほしい
日本の夏にも合うからお土産にもいいのでは
日焼けで肌が乾燥する上に
くろっ!
タイの水は硬水なのでさらに乾燥する
そんな状態で蚊に刺されるとすぐ掻きこわして出血するッ…!
虫刺されっ…
楽しい旅にするためにタイでは肌のお手入れはかなり大事!! 男性も日焼け止めを! 保湿を!

✴ピピのオンボロ小屋

その日私はピピ島の玄関口、トンサイビーチにいた。

トンサイビーチから予約したホテルの送迎ボートに乗り、15分後にようやくリゾートホテルに辿り着く。リゾートホテルといっても、木造の小屋が10軒ほど点在しているだけ。キャンプ場に毛が生えたようなものである。

透き通る海と大自然の中で、問題が発生した。

到着して、女主人に提示された宿泊代が、前回来たときよりなぜか倍近く高い。今回も前回同様、ローシーズンなのにもかかわらずだ。

しかも、単純な値上がりならしょうがないのだが、聞けば前回泊まって気に入った部屋も含めてリノベーションやらほかの予約やらですでに埋まっており、一番小さい部屋のみが空いているとのこと。

結局5泊することで、当初の言い値の3割引がラストプライスとなった。

前の倍だから、結局これでも以前より4割高いことになる。ただ、すでに交渉に疲れてきていたし、最後の一室だったので、釈然としないながらも支払いを完了、笑顔で鍵を受け取る。

一番奥の小屋の前にきて愕然とした。前回泊まった部屋の半分の大きさしかなかったこともそうだが、それ以上に外観がやけにボロい。きっと、前回に来たときにもこのコテージ、いや小屋はあったのだろうが、そのときはまさか客室とは認識してなかったに違いない。

入り口付近に敷かれたピンク色の布状の物体は、よくローカル市場や露店などで見かける最安値の足拭きマットだ。その存在がまた厭世的な気持ちを助長する。

引き返すか？　だめだ、もうほかにはどこにも泊まれるところはない。いや、ある。あるが、一泊2万円超のホテルだけだ。私は長居がしたいのでそんな大盤振る舞いはできない。一生に一度来るだけならその選択肢も考えるが、残念なことに結構頻繁に来られてしまう。そのせいで特別感よりも日常の延長としておトク感を求めてしまうのだ。

意を決し、南京錠を開けて中に入ると、湿気と熱気のせいか独特の臭いがお出迎え。ままよ、と中に入って荷物を置く。

木造の建物はところどころ朽ちており、壁のペンキははがれかかってしまっている。

前回来たときの部屋と大違いじゃないか！　とりあえず採光と換気をしなければならない。

カーテンを開けた瞬間、思わずサスペンスドラマの被害者調の声を上げてしまった。窓の外には、太さ・長さ共に私の二の腕ほどの、巨大ヤモリが張りついていた。30㎝はありそうだ。

あざやかな黄緑色のボディにオレンジの水玉模様が突起している。

この巨大ヤモリは、主に東南アジアに生息しているトッケイという。その鳴き声がトッケイと聞こえるというのがその名前の由来。肉食かつ臆病な性格なので、下手に手を出すと咬まれる。しかも、結構痛いらしく地元の人には嫌われている。

その一方で、トッケイは神の使いで、鳴き声を7回以上連続して聞くと幸せが訪れるという言い伝えもある。

私はこの予期せぬ登場をしたトッケイにしばし見惚れてしまった。ガラスのこちら側の安全圏から見る大きくてカラフルな巨大ヤモリ。日常で出会えるなんて思ってもみなかった生き物だ。向こうはまったく動かず、コチラをジッと見ていた。その悠然とした佇まいには神秘さえ感じられる。

ありえないカラーリングの美しい模様に、クリッとした宝石のような瞳。その一方で、丸い吸盤がついた指がむっちりと白玉団子のような質感でガラスに張りついて、まるで美術館の展示物を見ているようだった。この邂逅により、いつの間にか、私のネガティブシンキングは一転していた。

ガメつい女主人との値段交渉に端を発し、ついさっきまで散々宿への文句を連発していたが、部屋をよく見ると、ちゃんとノリの効いたシーツでベッドメイキングがされている。タイルの床は隅々まで掃除されていることに気がついた。

たしかに外観はボロいが、なかなかどうして、これはこれで趣があるとも取れなくはないし、とにかく中身は価格以上に整っている。

しばらく換気していたので、こもった匂いのした部屋には、太陽のエネルギーに満ちた緑の香が風に運ばれてきていた。おまけに、激安足拭きマットはよく水分を吸うし、足についた砂がサッと落ちるではないか。お土産に買っていきたいくらいだ。

思いがけないトッケイの出迎えの嬉しさひとつにより、オンボロの小汚いあばらやは、かくして、ピピの自然と野生味を感じられる素敵なコテージへとその真の姿を現した。

夜半になり、そのトッケイは姿を消した。私はまた会いたい気持ちで何

黄緑色の体にオレンジの水玉模様でカラフルだ

度も窓を見たが、以後その姿を現すことはなかった。

ただ、引き続きコテージの近くの茂みにいるのはたしかで、夜になると仲間のトッケイたちと時折鳴き声をあげた。鳴き声は、それこそ7回どころではなく、滞在した5泊中続いた。

タイはヤモリが多い
①
ヤモリをよく見る
虫を食べてくれるよき存在である
②
ザッ
足で!?
しかしタイの人たちはあまり好きではない
③
同じようにカブトムシも特に価値はない
……
フーン…
博物館行けば?
知らない。いないよ。↑いる。
④
ヘタにみつけたことを報告すると
いるね
ざっ
ざっ
追払ってしまう

✴もし、ヘビに咬まれたら!?

さて、タイにはたくさんの種類の爬虫類がいる。高温多湿を好む爬虫類にとってタイは楽園だ。

家にヤモリがいることは当たり前で、公園を歩けばさまざまなサイズの亀に加え、小さなクシトカゲから、一般的な成人男性の腕ぐらいあるトッケイヤモリ、さらには2mぐらいのミズオオトカゲがいるし、郊外の森林地帯の沼にはワニさえいたりする。

その中でも、人間と衝突が起きがちな爬虫類といえばやはりヘビだろう。私は、爬虫類は愛すべき存在であると人一倍思っている自負があるので否定的な気持ちはとくにない。

スワンナプーム国際空港は元々〝コブラの沼地〟という名称であったことは前にも触れたがタイにはヘビがたくさんいる。そして、ヘビとの願わぬ遭遇は何も田舎に限った話ではない。特に雨季、洪水を逃れてそのまま民家にヘビが入り込んでしまうことが多々あることから、バンコクだけでも1日に150～200件ものヘビの捕獲要請が消防隊に来るという。

バンコクの割と中心にある最新のコンドミニアムの住人がトイレで用をたそうとしたとき、潜んでいたヘビに気づかず大事なところを咬まれたという嘘のような本当の話がある。どうやらこのヘビは下水をつたって侵入したらしい。ネズやゴキなどかわいいものだ。不幸中の幸い、このヘビはデカいだけが取り柄の毒のないニシキヘビだったのだが、もしこれが毒ヘビだったらと思うとゾッとすることこの上ない。

実際タイには50種類以上の毒ヘビがおり、悪名高きキングコブラやマムシ、バイパーと呼ばれるクサリヘビなどがいて時折死亡事故も発生している。タイ政府は組織的にその対応をしており、20世紀の初頭に設立されたスネークファームという名称のタイ赤十字ではそれぞれの毒の研究や血清の開発に余念がない。

いざ私たちが毒ヘビらしきものに咬まれた場合、どんなヘビに咬まれたかを覚えておかなくてはならない。そうでないと、医師がどの血清を打てばいいのか判断がつきづらいからである。といっても、記憶だと説明が難しいし、あやふやになってしまうかもしれない。なので当該ヘビを捕まえてくるのが一番だが、それはそれでハードモードだろう。だから、ヘビの画像を撮ってから病院に行くというのがよりセーフティーだといえる。

このスネークファームでは、インフルエンザや肝炎、麻疹・風疹・おたふく、破傷風や狂犬病などの各種ワクチンを日本より大分おトクに接種することができる。また、おびただしい数のヘビを間近で見られるヘビ園もあり、ヘビとふれ合えるスネークショーに加えて毒の採取の方法を見学できたり、お土産屋もあったりする。毒ヘビとのつき合いが長い国らしい施設である。

ところで、以前アンダマン海に浮かぶ、とある島を訪れたことがある。

雨季でローシーズンだったため、島には数えるくらいしか観光客がいなかった。その日の夕方、私はビーチを見下ろせる高台の食堂に入った。

客は私だけだ。

席に着くと、奥で寝ていたシェパードのような雑種の老犬が私を一瞥すると近づき、私の左足の近くでさっきと同じ形に丸まってまた寝始めた。きっと客の近くにいれば何かもらえるかもしれないから、先にポジショニングをしたのだろう。ややあって、店のおばあちゃんがゆったりとした動きでメニューを持って現れた。

とりあえずガパオガイ（鶏肉のひき肉炒め丼）を頼んだ。

LINEで編集のオイカーさんと仕事のやり取りがあったのでとくにそこまで気にならなかったが、このガパオが出てくるのにやたらと時間がかかった気がする。そろそろ夕暮れだ。きっとおばあちゃんは、今日はもう客は来ないと油断していたのかもしれない。やがて、ゆったりとした動作でおばあちゃんがガパオを持ってきてくれた。

老犬が欲しがるかなと思ったが、彼は一瞬こちらをチラッと見上げただけで興味なさそうにまた目を閉じた。

待たされただけあってガパオの味はよかった。薄味なのにコクがある、好きな味のガパオだ。鶏肉もプリプリで実にうまい。

ウーッ。

それは突然自分の左下から聞こえた。

足元で丸まっていた老犬が突然唸り声をあげたのだ。

やっぱガパオが欲しかった？

左下にいる老犬を見やると、その目線は私に向けられていない。

老犬は、対角線上、自分と同じ目線の対象に向けて唸り声をあげているようだった。それは、逆側。つまり私の右足付近だ。

既に悪い予感しかしなかったが、それを確認する作業は億劫この上なかった。まだ恐怖にまではいたってなかった。

第六感が自分を導く。理由はともかく、すぐに動いてはいけない。なるべくゆっくり右側を見下ろすように。でも決して驚くな、と。

老犬が吠えず唸り声だけで牽制している理由もきっとそれだった。

対象を無闇に刺激しない。つとめて冷静に、なるべくゆっくり右側を見下ろす。

私の弟が乗っているカワサキのオートバイのような色のもの。ライムグリーンのもの、それが第一印象だった。

私はこのユニークな色のもののことを知っていた。

グーキアウハーングマーイ。別名グリーンスネーク。ハブの一種。

何より猛毒の持ち主だ、残念ながら。そんな強烈なヘビがコチラを見ていた。体長70～80㎝はありそうなそのヘビは鎌首をもたげているので、高さ的には私のふくらはぎくらいまできていた。

わかりやすく血の気が引く。

とそのとき、背後から地を這うように竹ボウキが差し込まれ、そのまま電光石火の速さでグリーンスネークをホウキに乗せるように持ち上げる。

振り返ると、竹ボウキの主はあのゆったりしたおばあちゃんだった。

おばあちゃんは上空で器用にクルクルとグリーンスネークを竹ボウキの先に絡ませると、そのまま高台から海の方へポーンと投げた。グリーンスネークは綺麗な放物線を描き、夕焼けの海へと落ちていった。生死がかかった瞬間は意外とあっさりと終わった。

実際ヘビの怖い経験はこれだけだし、いくらタイにヘビが多いといっても日常的に見かけたことはこれ以外はない。それに見かけたとしてもそれが必ずしも毒ヘビとは限らない。しかも、私が体験したのは超レアケースで、落石注意の看板レベルで防ぎようがない。それでもとくに雨季などはヘビの発生率は高まるので、そんなときにヤブの中などへ安易に入るリスクはなるべく避けた方がいい。特に人里離れた場所で咬まれたらシャレにならない。

　とにもかくにも、なんとかおばあちゃんのホウキさばきで助かった私だが、もはや食欲は消え失せ、ガパオどころではなかった。

　ふと左下を見ると老犬と目が合った。その目は真珠のように輝いていて、物欲しそうに舌まで出していた。

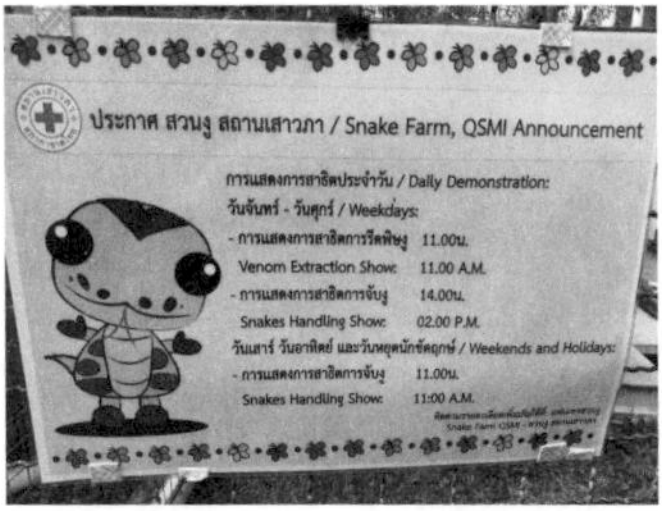

スネークフォームの看板。毒ヘビはこんなにかわいいもんじゃない

タイの動物の話
日本では熊が山から来て人を襲うニュースが増えてるんだよ
タイではそういうことある？
山の飢えた動物が人のいる場所に来てしまう…
象だな
NEWS
日本人がタイに来るときは…
ジュラシック・パークに来るくらいに考えて
ワクワク…いや警戒するといいのかもしれない

✦タイで最も食べられている魚「プラーニン」

さて、タイで最も食べられている魚、それはプラーニンだろう。タイではそのプラーニンにたっぷり塩をすりつけ、お腹にレモングラスをつめ炭火で塩焼きにしたものがよく屋台で売られている。

正式名称はティラピア。スズキ目の魚で体長は30㎝ほどだ。身が多く食べ応えがあることに加えて、やわらかくクセの少ない白身で、煮てよし、焼いてよし、蒸してよしの非常に美味である。

魚類学者でもあられる上皇陛下が皇太子時代に、国の食糧難に悩んでいたタイ国王ラーマ9世へこのティラピアを贈呈し、養殖をご提案されたという歴史を持つ。雑食性で生命力が強く養殖も簡単だったティラピアは、瞬く間にタイの食文化を担う食材のひとつとなった。

ところで、その日の夕方ようやく一つの仕事に区切りがついた。本当に長かった。もう終わらないかと思ったし、実際締め切りも遅れて編集のオイカーさんにご迷惑をおかけした。

でも、ようやく終わったのだ！

考えてみればここ数日テキトーな食事で済ませ、その日も朝にバナナを一本食べたっきりだった。

安堵感と共に一気に空腹を感じる。空腹に加えて自分をいたわってやりたくなり、尾頭つきの鯛を買う気分で久々にプラーニンの丸焼きを食べることに決めた。

バンコクの私の定宿の隣には大きな空き地があるのだが、そこには数軒の屋台が並んでいる。その中のひとつでこのプラーニンの丸焼きを売っているのだ。

店主のお兄ちゃんが大きめの見事な一匹を見繕い、包丁でササッと切れ目を入れて食べやすくしてから包んでくれる。これに魚の身を巻いて食べる用の野菜やハーブ類、カノムジーンという発酵させたモチモチの米麺に、

3つのタレがついて100バーツ（約400円）なのだからご機嫌だ。

このプラーニンハッピーセットだけでも十分なのだが、ここにとあるグチャグチャを足すことでより幸せ感は倍増する。

とあるグチャグチャの正式名称はヤムネーム。ヤムネームをご存じの方ならば、ついオノマトペ的に表現したくなる気持ちはご理解いただけると思う。ちなみに、ヤムはタイ語で混ぜるという意味でネームというのは豚肉を自然発酵させて作る酸味が効いたタイ風ソーセージのことである。

これに湯煎した豚の皮の細切りやアーリーレッド、煎りピーナッツ、ショウガ、各種スパイスを入れる。そこになんと焼きおにぎりも投入し一緒にグチャグチャにヤムするという少し不思議な食べ物だ。

このヤムネームとプラーニンとの相性が抜群なのである。ヤムネームにも巻く用の葉野菜がつくのだが、プラーニンの白身を巻いて食べるのにも使えるので一石二鳥だったりする。

プラーニンハッピーセットについてきたカノムジーンにも抜群に合う。

「は、早く食べたい」

屋台から宿に戻るまでの30秒の道程が10倍以上長く感じられた。

これらは、ほぼ食器を使わず手で食べることから、散らかりがちなので宿のロビーにあるダイニングスペースで食べる。いや、プラーニンは食べるというより、喰らうといった方が正確な気がする。

包みを広げ、水とナプキンを用意し小皿に各種ソースを分けて準備完了。その最中にもお腹が盛大に鳴った。

ここからはちょっとした格闘だ。

まずはプラーニンの骨を取り除く。骨は多めだが細かくはないので簡単に一気に取れる。レタスや白菜、エゴマの葉の上に都度適量の白身を乗せヤムネームとカノムジーンと共に包む。それを各種ソースで味を変えながら楽しむ。ソースは緑色の爽やかな辛さのもの、オレンジ色の甘辛いもの、真っ赤でとにかく辛いものに分かれている。結局、全部辛い。プラーニンにはほんのりと塩味も効いているのでソースなしでも十分。

炭火でこんがり焼かれた皮も香ばしくて非常においしい。

喰らう、に没頭。

なめらかでフワフワの白身肉にヤムネームの酸味と新鮮な野菜の甘みが、カノムジーンの優しくも粘りのある食感を通じてほどよく混ざる。

気がつくと、あの見事なプラーニンは頭と尻尾と骨だけになっていた。

この上ない満足感。

「しっかりと自分をいたわらせていただきました」

と、約4600㎞離れたバンコクから上皇陛下にご報告と御礼を申し上げたことはいうまでもない。

プラーニンの炭火焼き
ปลานิลเผา
ぱり
ぱりっ
ほく
ほくっ
ヤムネーム
ライスコロッケ的なもの
ネーム
発酵した豚ソーセージ
グチャグチャ
ピーナツ
玉ねぎ
ショウガ
豚の皮
唐辛子
セット
白菜やバジル
米麺
カノムジン
タレたち。味変し放題
レタスや白菜に包んで食べる
カノムジンがよき中和剤に

ひとつ
ください
注文すると…
ざり ざり
塩を削ぎ落として
※全く塩辛くないです
ザク ザク
食べやすいように
切れ目を入れてくれる
タイは自炊するひとが
少ないのでだいたい
持って帰れるし
便利に
なってます
テイクアウト
できまっせ
セットのもの

✴ まるまる肥えた野良犬たち

タイの街にはたくさんの野良犬がいる。彼らは街の誰かに面倒を見られている。彼らが飢え死にするようなことはない。むしろエサをもらいすぎているので大体はまるまると肥えていて、ガリガリの野良犬を見かけることはほとんどない。

野良犬は必ずといっていいほど何らかの皮膚病を患っている。無理もない、この過酷な暑さや湿気の中、毛皮を着て不潔な生活をしていれば当然の結果である。誰か心優しい人が彼らになんらかの皮膚薬を塗ってあげていたりする。なので、ところどころ毛が抜け落ちた部分が薬で紫色や緑色になっているゾンビのような野良犬をたまに見かける（いたって元気）。

タイの野良犬で有名なのは、俗にいうセブン犬だろう。コンビニの前に集まる野良犬たちのことだ。

ファミマやローソンもあるのだが、2023年時点ではセブンイレブンが圧倒的に多数を占めていることからセブン犬と呼ばれている。もちろんセブンイレブンと彼らの間にはなんの関係もない。コンビニの入り口付近にいれば、日除けもあるしドアの開け閉めのたびに外へ漏れる室内の冷気を感じることもできる。夜も明るいから安心感があるだろうし、たまに買い物途中の人間からエサをもらえることだってある。

これはローソンの名キャッチコピーだが、「マチのほっとステーション」は何も人間に限ったことではなく野良犬たちにとっても「ほっと」なのだ。

ところで、一度ペカセム48という駅の近くにある運河でタイムラプス撮影（定点撮影）をしたことがあった。運河にかかる橋の欄干にカメラを仕掛けてあとは2時間ほど放置するだけなのだが、さすがにカメラを放置してその場所を離れるわけにはいかない。

しばらくすると、近所の人に面倒を見てもらっている野良犬たちが一匹また一匹と何かもらえると思って近づいてきた。雨季だったこともあり、彼らのことごとくが生乾きでほんのりとクサい。そんなクサ犬たちに囲まれながら必死で撮影を続けたことがある。

翌日、引きつづき小雨が降りしきる中、同じ一群が細い路地に集まっているのを見かけた。どうやらなるべく雨を避けようと寄り添っているようだった。天井がないところで雨宿りをしている彼らの姿が健気で愛らしく、撮影をさせてもらった。


最後に例えば地方の人里離れたお寺や遺跡などの野良犬たちには注意が必要だ。

都会の野良犬たちは人慣れしている子たちが多く、滅多に人間に危害を加えることはない。むしろクサいのに人懐っこいので困ってしまうほどだ。

一方、普段人間とあまり接していない田舎の犬たちの場合、彼らの多くは完全ではないにしろ野犬化が進んでおり、人が来ると群れで追い返そうとする。エサをあげているだとか、群れに慣れている人が近くにいれば襲われるリスクは少ないが、それでも下手すると咬まれるおそれは十分ある。

咬まれたからって必ずしも狂犬病になるわけではないが、狂犬病の致死率は限りなく100％。そうでなくても、咬まれれば心身ともに後遺症を抱えかねない。

実際、私もイサーン（東北地方）の人里離れたお寺へスクーターで参拝に行ったとき、私の匂いを嗅ぎつけた野良犬の群れに吠えたてられ囲まれたことがあった。当然焦ったが、ここで走って逃げると余計に彼らを刺激させてしまうと思った私は、つとめて冷静を保ち、彼らと一切目線を合わせないように悠然と踵を返した。いいかえれば、お前らのことなんか構ってらんないよ。こっちだって忙しいんだよ、というような毅然とした態度で臨んだ。

野良犬の群れに襲われたときの正しい対処法の知識などはなかったのだが、なんとなくそうした方がいいと感じた

こんな図々しいヤツも

にすぎないのだ。

スクーターに再びまたがるまで、ずっとふくらはぎを嗅がれていたが、なんとかパニックにならず無事に逃げ帰れたという経験がある。

私は単に運がよかっただけなのかもしれない。

重複するが、人里離れた寺社等を訪れる際は、周囲に彼らの面倒を見ている人がいるかしっかり確認した方がいい。

それ以上に、危なそうであれば近寄らないに越したことはない。直感を信じてリスクヘッジする、安全第二で旅を楽しむための重要なルールだ。

タイの犬事情
「フーン
タイって犬が
多いのかぁ」
って思って
想像したときに
頭に思い浮かぶ
犬よりも
ちょっと
大きいくらいの
犬が野に放たれ
ウロウロしている
バンコク生まれ
バンコク育ちの
都会っ子は
犬？
全然怖く
ないです
といい
地方の
人は
犬は
コワイよ…
当たり前
じゃないか
猿はもっと
コワイよ…
という
犬は店の中にも
入ってくるし
猫は商品の上でも
寝ている気楽な
存在でもあるのだが
吠えられても
冷静に
田舎に行くほど
警戒レベルを
上げる必要がある

✷マイペンライなムエタイ体験

タイの国技といえばムエタイ。

ムエは戦いという意味なので、タイ式戦闘術とでも訳したらかっこいい。

そもそも格闘技には空手やキックボクシングのようにパンチやキックなどをする立ち技と、柔道やレスリングのようにつかんだり投げたりする組み技というのがある。

ムエタイは立ち技に分類される格闘技。

技、歴史と実績、競技人口など様々な見地から総合的にみて立ち技最強といわれている。元々はムエボーランと呼ばれる戦争用の格闘術が始まりだったのが競技として進化したのが今日のムエタイだ。

ムエタイジムのロケーションは様々で、一軒家のジムに加え、商業ビルのテナントとして入っている場合もあれば、病院やホテル、タワマンの空きフロア、駐車場の一角などにも入っている場合もある。往々にして、壁がなかったり窓を全開にしている場合が多く、サンドバッグやミットを叩く乾いた音や大きなかけ声が周囲に響くので自ずと街に活気をもたらす。ムエタイは神事にも深く関係しているので、実際破魔の効果もありそうだ。

そんなムエタイジムはバンコクやパタヤ、チェンマイ、サムイ島など観光客が多いところであればあるほどにその数は多い傾向にある。ムエタイは競技人口が世界的に多く、外国人にも広く門戸を開いていることから、海外の人が集まる場所には自然とジムの需要が高まるのだ。その目的は各人違う。お試しでムエタイを経験したい、運動不足やストレス解消をしたいという日常的なものから、強くなりたい、試合に出て勝ちたいなど、様々である。

バンコクにも数多くのムエタイジムはあるが、南の街プーケットのフィットネスストリートと呼ばれる場所は有名だ。そこにはタイガームエタイという老舗ジムを筆頭に、無数のムエタイジムが立ち並んでいることから世界中から格闘家や愛好家が集まる。

また、ムエタイジムでは地元のタイ人に加えて各国から来る人たちと練習を通して生の国際交流もできたりする。

ここまで読んでムエタイに挑戦してみたいと思った人も少なからずいるとは思う。

しかし、興味は持ったとしても、ある程度の経験や体力に自信がないとできないように感じられる人の方がやはり多いかと思われる。

ただ、事実はまったくその逆。

初心者であっても、性別年齢問わず、無理なくムエタイを体験することができる（ワンレッスン大体300〜500バーツ、回数券割引などを設けているジムもある）。

たとえプロだらけのゴリゴリなムエタイジムであっても、自分が初心者であることを伝えさえすればいい。

どんなジムでも、パンチやキックのフォームを1から教えてくれて、各自のレベルに見合った練習をさせてくれる。ダイエット目的で来たお母さんにくっついて来た小さな子も一緒にキックの練習をしているようなこともザラだ。

ここまで言っても通常のグループレッスンに参加するのが不安な人もいると思う。

大丈夫。

数百バーツ高くはなってしまうが、ほとんどのジムがプライベートレッスンも設けている。

どちらのレッスンも、日本の学校の体育会系のような感じではなく、休みたかったら勝手に休んでいいいし、疲れて途中で止めても怒られるようなことはない。これはタイ人がマイペンライ（大丈夫、問題ない、細かいことは気にするな、何とかなるさ、気楽にいこうぜ）という精神を心底大切にしているからでもあるだろう。初心者でも安心して自分のペースで練習ができる。

タイに行ったら、一度本場のムエタイに挑戦してみたら新たな世界が開けるかもしれない。

私がよく行く整体院で聞いた話

へぇタイかぁいいですね

行ったことありますか？

先生はとてもイケメンである
昔…格闘技やってたんで
ムエタイの修業しに20年前タイに行ったんです……
自分は初めてのタイだったんで
先輩にアドバイスをもらいました
水は絶対油断しちゃダメ
腹壊したら練習にならんぞ
あとニューハーフにも気をつけろよ
笑顔で近付いてきて強盗されることもあるぞ！
イヤッ

とにかくソレを肝に銘じて
水とニューハーフ……
水とニューハーフ……
気をつけるぞ!
そんで実際タイに来たら
毎日ホントに楽しくて
毎日ビーサンでいい
タイ料理うめえ
練習にも集中して…
よしいいぞ!ホラ
ありがとうございます!
あ…

やば…
ペットボトルの水しか飲まないって決めてたのに…!
こんな力メに入ったあやしい水を…
飲み干してしまったァ〜
フラ…
だ…大丈夫だよな…!?
なんか…すでにハラが痛いような…
ザッ
さっきから見てたわアナタ……
カワイイ顔してるわね

この声……ニューハーフの人だ…ッ!!
私と一緒に女にならない？
稼げるわよ
ハア!?
ずっと練習を見てたわ
プロになる気？
アナタの見た目ならイケるわよ…!
今は…
いや自分は…
ハラが気になってそれどころじゃないッ
キリキリキリ
今…
それどころじゃなくて…
フッ
なるほどね
今はムエタイに夢中なのね

がんばってね
チャンピオンになるのよ
ハ…
ハイ…
…ってことがあったんすよ
ハラも壊さなかったし…
ニューハーフのお姉さんもよい人でした…！
ふる
ふる
ふる
……
なんスかこの話…

✴ レンとアップルのフルーツジュース屋

さて、タイから日本に戻るとやはり食べ物は高く感じてしまう。日本の食費は30年以上大差がなく、よくも悪くも現在それはインバウンド集客の大きな武器の1つにはなっている。

一方、タイの物価は確実に高くなっており、食堂のカオパッ（チャーハン）ひとつとっても、ここ30年でみたら倍以上の価格になっている。ただ、それでも2023年現在、タイの屋台や食堂には圧倒的なコスパを感じる。一皿50バーツだとして、200円であんなにもおいしい焼き飯が日本のどこで食べられるだろうか？

そんな中でも、最もコスパを高く感じられる食べ物がある。

果物だ。

タイの果物は、味は元よりコスパが半端ない。市場やスーパーなど街のいたるところで買うことができるのだが、1個2個ではなくキロ単位で売っている。
例えば、ピンキリではあるが、マンゴーだとしたらキロ100バーツぐらいなので、大体400円ぐらいだ。バナナやパパイヤ、パイナップルのように一年を通して収穫できるものもあるし、季節に応じた旬な果物もたくさんある。
代表的なところを挙げると、
1月〜2月　タマリンド
1月〜3月　グアバ
3月のみ　マヨンチット（別名：プラムマンゴー）
4月〜6月　ジャックフルーツ
4月〜7月　マンゴー
5月か6月　ライチ
4月〜8月　ランブータン
4月〜9月　マンゴスチン

5月〜9月　ドリアン
6月〜9月　ロンガン
7月〜9月　パッションフルーツ
8月〜11月　ポメロ

といったところだろうか。

ところで、私のバンコクの定宿の近くにはフルーツジュース屋がある。私はそこの店主と従業員でもある店主のガールフレンドと仲よくさせてもらっている。店主の名前はレン、ガールフレンドはアップル。

往々にして、東京でこの手のお店は自由が丘や成城にあって高級感があったりオシャレだったりするのではないだろうか。一方、私がよく行くそのフルーツジュース屋の店舗は軒先2畳ほどのスペースの屋台。店の目の前は、狭い上に2車線の道路でスクーターやら軽トラやらがバンバン通過する。イメージとしては、自由が丘にあるオシャレな店舗というよりは、駅構内にたまにあるジューサーバーの方が近いか。

タイのフルーツジュースは圧倒的な原価の安さから、大体25〜60バーツ程度（100円〜240円くらい）、基本的にワンサイズで日本のL相当なのでコスパがまったく違う。

私がレンのフルーツジュース屋に行くと決まってイスを用意してくれる。プラスチック製なのだが、だいぶ年季が入っていることから脚がへたっており少し安定感に欠く。うっすらと体幹が鍛えられるそのイスに座りフルーツジュースを飲みながら、このカップルと世間話をするのが私の楽しい日課のひとつだ。ついでにタイ語も学べるので一石二鳥。

ガールフレンドのアップルは私とひとつ違いなのだが、既に成人した娘さん（レンとの子ではない）と孫娘もいる。モーン族の血が入っているとのことで、そのおかげなのか女三代きれいな額と端正な目鼻立ちをしている。アップルはあまり英語を話せないのだが、声質がしっかりとして明瞭なので、彼女のタイ語は比較的に聞き取りやすい。実際、学生時代にはクラスの号令係を務めていたとのこと。そんなアップルは私の1番のタイ語の先生だ。

少し話が逸れたので元に戻す。

フルーツジュースは1つの果物から作るだけでなく組み合わせをすることもできる。つまりミックスジュースだ。そこにヨーグルトや炭酸などをカクテルすることも可能なのでその組み合わせは多岐にわたる。

こちらにとくに希望がないとき、私は大体店主のレンにおまかせで頼んでいる。

というのも、

「目がショボショボする」といえば、「じゃあ、ミックスベリーとマンゴーだな」

「朝たくさん走って汗かいてきた」といえば、「じゃあ、酸味だろう。パッションフルーツにレモンを足すか」

「あんま食欲がないんだけど、ごはんのかわりに」といえば、「じゃあ、ヨーグルトベースにアボカドとバナナだな。お通じにもいい」

「寝不足なんだけど仕事が終わらない」といえば、「じゃあ、リフレッシュすっか。タマリンドをソーダで割ってやろう、そこにライムを絞りゃ目が覚める」

と、ジャストフィットなものをすすめてきてくれるからだ。

また、こちらが何もいわなくても、

「飛行機での長旅のあとはこれ」、「ストレスで肌荒れのときはこれ」、「生理不順のときはこれ」といったように適宜オススメをしてくれることもある。そのどれもが的確で効果があり、私にとってレンはちょっとした管理栄養士だ。

そのことをレンに伝えると、

「同じ女だからわかるさ」

と、レンはテレ隠しにベリーショートの頭をかきながらいうのだった。

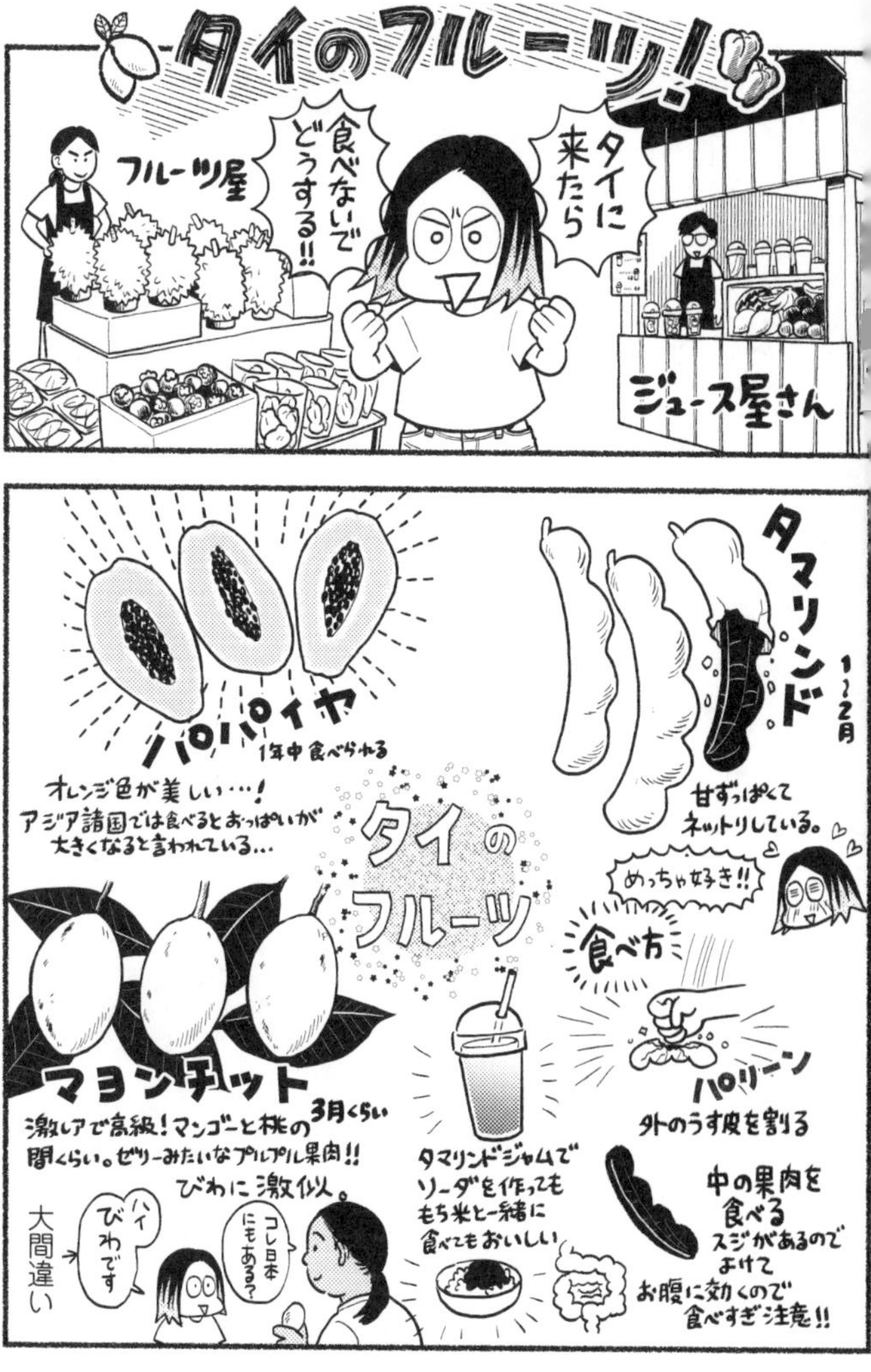
タイのフルーツ!
タイに来たら
食べないでどうする!!
フルーツ屋
ジュース屋さん
タマリンド
1〜2月
甘ずっぱくてネットリしている。
めっちゃ好き!!
パパイヤ
1年中食べられる
オレンジ色が美しい…!
アジア諸国では食べるとおっぱいが大きくなると言われている…
タイのフルーツ
食べ方
パリーン
外のうす皮を割る
中の果肉を食べる
スジがあるのでよけて
お腹に効くので食べすぎ注意!!
マヨンチット
3月くらい
激レアで高級!マンゴーと桃の間くらい。ゼリーみたいなプルプル果肉!!
びわに激似。
タマリンドジャムでソーダを作ってももち米と一緒に食べてもおいしい
コレ日本にもある?
ハイびわです
大間違い

ポメロ(ソムオー)
メチャでか
グレープフルーツみたいな感じ
さっぱりしてていくらでも食べれてしまう
ヤムソムオーっていうサラダも美味しい!!
柑橘なのにご飯に合う不思議。
スプーンでほじって食べる
パッションフルーツ
すっぱくてビタミンがいっぱい
暑くて疲れたらぜひ
ジュースにしてもらうとぴったり。種もガリガリ噛む。
ヨーグルトにかけて
だいたい
雨季に美味しいフルーツ
ロンガン
カラカラの枯れ草のような
見た目だけど中身はジューシィ。
ライチのような…メロンのような…
タイ人も大好きでジュースにもなる
マンゴスチン
タイに来てマンゴスチン食べない
なんて…ありえないッ!
香り… 甘みと酸味… 品のある
ステキなフルーツ…! タイで初めて
食べた時 ハマってホテルの冷蔵庫いっぱい
になるほど買いまくった。
食べ方
ぎゅっと握ると割れる
種が入ってる房もアリ

暑季のフルーツ
ジャックフルーツ
でっかい本体に ピーマンみたいな形の房が入ってる
汁気もなく、バナナ的に軽食ってカンジ
通年ある。さくっと栄養補給になる
マンゴー
タイならお手頃価格で好きなだけ食べられる。
もち米と練乳と一緒に食べるカオニャオ・マムアン
ジュースもおいしいっ!!
ランブータン
見た目はイカついが手でカンタンにむけるしさわやかで食べやすいヤツ
その他…
ライチ
5月か6月くらいしか流通しないマボロシの品
キングオブフルーツ ドリアン
パック売りされています。日本の柿のように、サクサク派とやわらか派に分かれます。
私は思いっきりやわらか派!!
買うときはかたさをリクエストすべし
タイでこそ最高に美味しいドリアンを食べられる!

ドリアンの美味しい食べ方
せっかくタイに行くなら…
ドリアンの美味しさを知ってほしい
やはりドリアンには独特の香りがある
それゆえに……
おいしーかなぁ？どーかなぁー？
おっかなびっくり
とりあえず少しだけ
ちま
こんな風に小さなひと口だけ食べてみても独特の香りが口の中で変に広がるだけでまったく楽しめません
私もかつてそうだった
ドリアンの魅力のひとつ…それは食感！
外側はカリッとサクッと！
中身はとろ〜り…♡
それを存分に味わうには思いっきり…
ガブ！
…といくべき！
こうやって初めて、ネットリした果肉から濃厚なブランデーのような香りを感じフルーツの王たる美味しさを味わえる…！
脳がとける…
※ちなみに、ドリアンは体の熱を上げるので熱を下げるマンゴスチンを後から食べるといいそうです
ドリアンはアイスでもおいしいよ!!

✴微糖のないタイのコーヒー

タイにはカフェやコーヒースタンドがたくさんある。

私は最近コーヒーアレルギーが出てしまい、コーヒーをあまり飲めなくなってしまったのだが、ちょっと前までは人並みに飲んでいた。

タイ語でコーヒーはガーフェー、ホットはローン、アイスはイェンという。タイ語の形容詞は名詞の後ろにつくので、ホットコーヒーがほしい場合は、ガーフェーローン、アイスコーヒーの場合はガーフェーイェン。ホットコーヒーと比べてひと手間かかる分、アイスコーヒーの方が、大体5～10バーツほど高かったりする。

日本語の発音によるコーヒーは非常に卑猥な意味になるので注意が必要である。ここでは書けないレベル。とにかく、タイでコーヒーを注文するときはガーフェーだ。

カフェは本当にあらゆるところにある。オシャレな個人経営のものもあるし、日本人にお馴染みのUCCの直営カフェもある。

ただ、やはり一番目にするのはチェーン店系カフェだ。日本にルノアール、ドトール、エクセルシオールなどがあるように、タイにはカフェアマゾン、ブラックキャニオン、コーヒークラブ、トゥルーコーヒーなどのチェーン店が無数にある。

そして、これらのチェーン店の筆頭はやはりスターバックスだ。

スターバックスの店舗数は2023年現在、なんと465店舗。しかも引き続きその店舗数は増えている。

なので、とくにバンコクを歩くとそこら中にスターバックスを見かける。一駅につき一店。いや、それでも追いつかないレベルだ。私はスターバックスに行くことはほとんどないのだが、きっとそれだけの需要があるから増え続けるのだろう。

スターバックスに限らずだが、コーヒーの味は日本で飲むものとまったく変わらないように感じる。もちろん、味がわかる人には、何らかのローカライズされた要因に差異を感じるのかもしれないが、一般的な味覚であろう私にとっては日本でもタイでも同じコーヒーだ。

ただ、私が初めてタイに来たころのコーヒーと、ここ10年くらいのコーヒーとでは確実に味が違う。それは水だとか挽き方や淹れ方だとかそういうレベルの話ではない。

異様に甘かったのだ。一口で首筋に寒気が走るようなレベルの強烈な甘さだった。

オーリアンというアイスコーヒーに似たタイ独自の飲み物がある。見た目はアイスコーヒーなのだが、タマリンドやコーンなどをブレンドした別の飲み物で、こちらもすごく甘い。ほかにも、練乳がたっぷり入ったタイティーやタイ風のレモンティーであるチャーマナオ、ストロベリーのようなピンクミルクというものもあるのだが、どれもとても甘い。

わかっていて甘いのと、期せずして甘いのではわけが違う。

じゃあ、微糖にしてもらえばいいじゃないか。たしかにその通りなのだが、例えば、屋台のコーヒースタンドでアイスコーヒーを頼むとする。注文の際、どんなにワーンニッディアウ（甘さ控えめで）とゆっくりとタイ語でいい、指先で少しというジェスチャーを加え、さらには手を合わせて懇願しても、

「はい、お待ち！」

と、勢いよく出されるのは、アイスコーヒーというより、コーヒー風味の黒いガムシロップだった。10年前までは微糖という概念が今と比べて圧倒的になかった。

ただ、この激甘が一般的だったタイのアイスコーヒーも最近は注文時に甘さのレベルを聞いてくれることが常となった。一説によると、スターバックスの進出の影響でタイのコーヒー文化は刷新されたらしい。その真偽のほどは定かではないが、事実あの激甘アイスコーヒーには年々出会うことはなくなっていった。

ところで、私の担当編集者はオイカーさんという。

オイカーさんはかわいらしい雰囲気であるが大変頼りになる方で、連載

『ソイ・ストーリー』（KADOKAWA刊）でもかわいいいらしい女性編集として活躍中、私も楽しくその魅力を描いている。そんなオイカーさんがタイに出張に来てくれることになったので、打ち合わせをすることになった。ちょうどこのとき、私はこの新連載『ソイ・ストーリー』のために10話分以上もの書き溜めをしないといけない状態で、打ち合わせせねばならない議題は山積みであった。当時私は余裕のフリをしていたが、本当にこなせるのかという絶望感を心の中に隠していた。

オイカーさんはお茶のあとにホワイクワンの夜市を見て回りたいということだったので、昼下りにホワイクワン駅で待ち合わせた。とくにお茶をするカフェを決めてはなかったのだが、ホワイクワン駅から徒歩5分くらい歩くと、古民家をリノベーションした静かでいい塩梅のカフェがあった。

「それでは時間もないので順番に話し合っていきましょう」

と、次々と私の描いたストーリーの弱点を突いてゆく。ここでも私は、なるほど～とダメージなしの余裕のフリをして相槌を打ち続ける。

「まだまだありますからね！　早く終わらせて街に繰り出しましょう！」

と、ペースを上げるオイカーさん。そうだった、オイカーさんにバンコクを案内して楽しんでもらわなければいけないのだ。私にかかるプレッシャーは何重にものしかかってきた。

ふとテーブルに目をやると、アイスコーヒーがあった。話すことと自分が描いた画面を注視することに集中しすぎて、先ほど注文していたアイスコーヒーが運ばれていたことに気づいていなかった。

白熱する打ち合わせに喉はカラカラだった。アイスコーヒーにストローを差し、多目に一口吸い込む。

その瞬間、私の首筋に寒気が走った。

「こ、これは」

望まざる懐かしい感覚。

パッと前を見ると、オイカーさんも同じ感覚を味わったのだろう、ビックリした顔をしてコチラを見ている。

そう、激甘なのだ。

たしかに、オーダーのときに甘さの調節を聞かれなかったたし、一切その注文もしなかった。

私は余裕ぶるあまり完全に油断していた。

しかし、頼んでしまったのだからしょうがない。氷が溶けて少しずつ薄まっていくのを確認しながらなるべく上の薄まった部分からチビチビ飲むことにした。私はこんなタイの激甘には慣れている、これだって余裕だ。

……。

この、日本では絶対にありえない猛烈な甘さを余裕ぶるのはさすがに無理があった。

「オイカーさん、甘すぎませんかコレ」

「はい……、私もビックリしちゃって……」

結果、さっきまでの私の余裕ぶっていたポーズが消え始めた。

話す内容も、以前ホワイクワンの夜市で右手にドリアン、左手に豚の頭を持ったおじさんを見てビックリした話に花が咲く。それでいて、アイスコーヒーは一向に減らないので、その分時間はゆったりと流れた。まるでまだこの店に入りたてのようだ。

インスタント悠久。

なるほど、この甘さにはちゃんとタイらしい理由があったんだな、ということに私は10年強越しに気がついた。

「じゃあ、そろそろ次の企画の話でもしましょうかね」

と、オイカーさんがいった。

望むところだ。

激甘アイスコーヒーはまだ8割程度残っている。

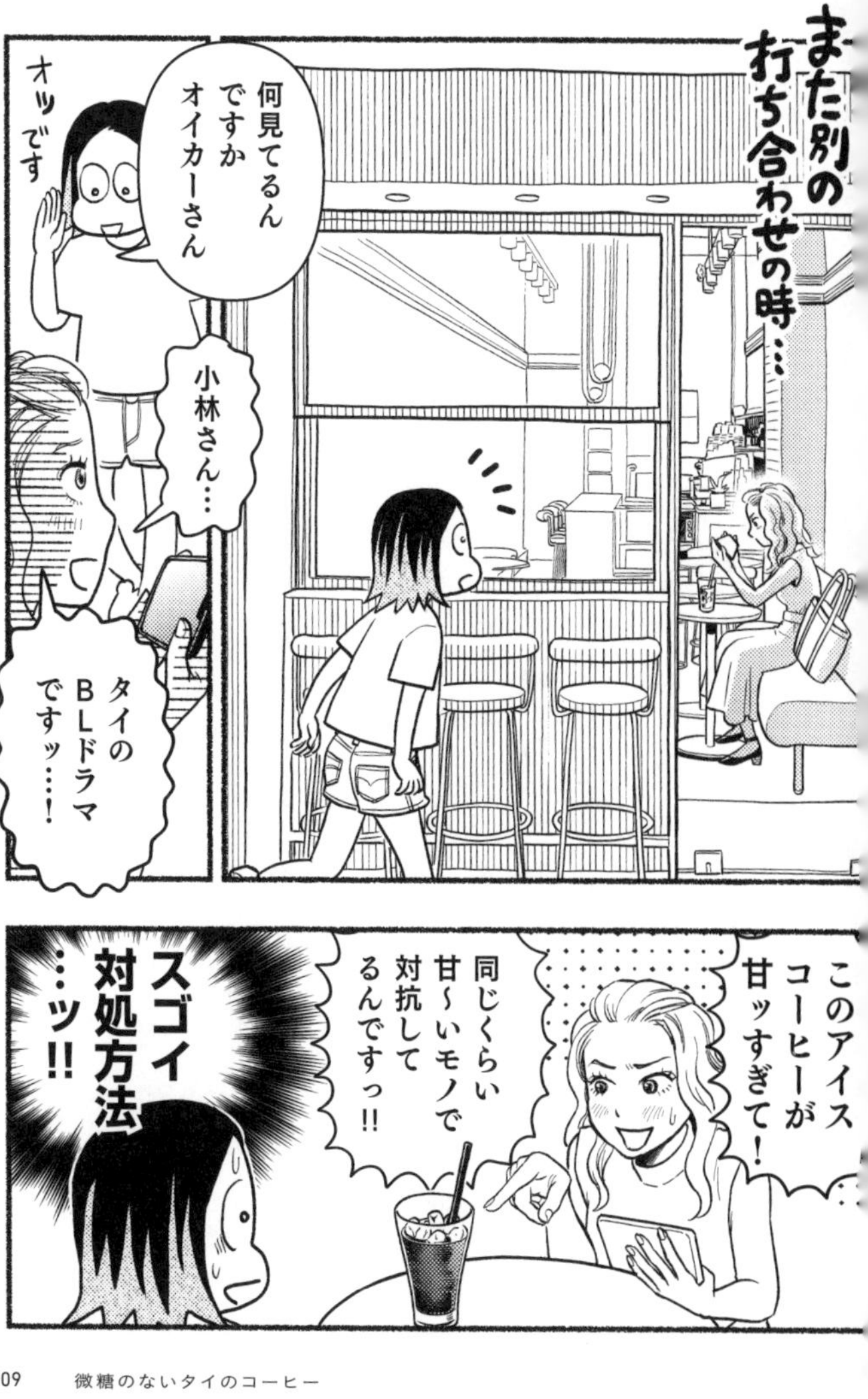
また別の打ち合わせの時…
何見てるんですかオイカーさん
オツです
小林さん…
タイのBLドラマですッ…!
このアイスコーヒーが甘ッすぎて!
同じくらい甘~いモノで対抗してるんですっ!!
スゴイ対処方法…ッ!!

✴ 得体のしれない生肉料理「ラープヌアディップ」

ソレに初めて出会ったのは、北部の街ナーンからアユタヤへ向かう車での道中だった。

渋滞を抜けて遅めのランチタイム、タイ人の友だちがオススメ店だと言う幹線道路沿いの小さな食堂。人気店なのであろう、地元の人たちで席はそこそこ埋まっていた。

かなりのご高齢と思われる老夫婦が営む、その家の庭の空きスペースに机と椅子を並べただけの食堂。おこぼれを期待した大きな犬が2匹も客の足元に寝そべっている。

少し腰が曲がったお爺さんが注文を取りにくる。もちろん英語のメニューなどあるハズがなく、注文はタイ人の友だちに全部まかせた。

トントントントントン。

しばらくすると、裏の厨房から、木製のなんらかで木製のなんらかを打つ小気味よいリズムが店内に響く。リズムは必ずしもシンクロせず、たまにズレるので、どうやら老夫婦は、個々にビートを刻んでいるようだ。

このトントントントンは約3分続き、ややあって、今度はおばあさんが盆に乗せてソレを持ってきてくれた。ゆっくりした動作から置かれるソレは、プラスチックのお皿に無造作に盛りつけられた真っ赤な物体だった。

「ラープヌアディップ」

と、向かいに座る友だちは、満面の笑みでコレが何かを教えてくれた。

ラープは挽肉、ヌアは牛肉、ディップは生。

これこそがトントントントンの正体であるタイ風タルタルステーキもしくはユッケ、ラープヌアディップだった。

民家の庭先というロケーションの店での、得体のしれない生肉。なかなかどうして難易度が高い。

タイ人の友だちは、一緒に注文した餅米をちぎって団子状にこねると、その上に一つまみしたラープヌアディップを乗っけて口にほうる。飲み込んだあと、至福の表情でひとつ唸り、おばあさんに最早受賞や昇進、出産に等しい大称賛の言葉を伝える。

それから、こちらを一瞥。顎をしゃくり、私にも目の前のラープヌアディップを食べるようにうながす。

アユタヤまでの長距離を運転してくれる友だちの好意、老夫婦の苦労、ままよ、と、団子状にした餅米と共に、一気にラープヌアディップを口にほうる。

結果から言うと、口の中にはパラダイスが広がった。

生肉には、第二のトントントントンの正体、刻んだパクチー、長ネギ、アーリーレッド、炒り米、唐辛子など各種スパイスが混ざっていた。

なるほど、辛さが生肉の甘みと広がりを、また、ほんのりとした胆汁の苦みが味の立体感をソリッドに際立たせる。そこに餅米が札つきの不良少年を世界チャンピオンにまで成長させるかのように適切なコーチングと包容力をもって全体の潜在能力を最大限まで引き出す。

得体のしれない料理だったはずが、真相は不可避の口内パラダイス。

昔、テレビで所ジョージ氏が安全第二といっていた。もちろん、安全は重要だ。

ただ、その担保ばかりを優先しすぎると、ひょっとしたら大切な経験の機会を失うことになるかもしれない。経験則や周囲の状況などをもって、自分自身の少し緩めなセーフティーラインを別に設けておくことは、旅を楽しむコツだと思う。

このときに関していえば、もちろん生肉は不安ではあったが、こうして大勢の人が食べているわけだし、香り立つほど混入された大量のスパイスは消毒や保存といった先人の知恵の遺産に相違ない。

とにもかくにも、もし挑戦しなければ、私はこの喜びに出会うことはなかったわけだ。

アロイ（タイ語でおいしい）を連発しながら、ラープヌアディップにがっつく私を見て、友人は次にラープムーディップというのをすすめてきた。

ラープは挽肉、ムーは豚、ディップは生。

「それは止めとくわ」

と、即答。これが私の安全第二である。

タイ風タルタルステーキ「ラープヌアディップ」

コーヒーの話で登場した
編集のオイカーさんと
この料理を食べに行った
この店 美味しぃ らしいです
キンチョー します
どうしよう すごく 辛いですか？
たしかに けっこう 辛いんスよね
すんま せーん
辛く しないで ください
ざわっ
ざわ…
ざわ…
あいよ
トンッ
あれ…
思ってた のと違う
苦みが効いて 深い味わい…

でもやっぱ
カラ〜いッ！
ヒリヒリ
そうですよね
おかしいな
ちゃんと
伝えたのに
カライ
カライ〜ッ
そんなに
辛い？
辛いですよ
食べてください
パク
辛く
ない
うそだ!!
さすがに無理が
ありますよ
「辛くない」は!!
これだけの
辛みがあって
いや
辛くない
全然
キリッ

「辛いけど平気」の間違いじゃないですか!?
辛くな～い
辛いかぁ?
ぜーんぜん!
何をいってんだか
それに…
…辛くなければ苦みばかりが出て味の調和が乱れて…
美味しくないだろう
認めたな!?
今辛みの存在を認めましたね!?
だからカラくないって
何もカラくないじゃん
全然大丈夫
タイ人と辛さの話題は噛み合わない――…

✦サバーイな猫たち

タイに行くとたくさんの猫を見かける。

日本の猫と同様ゴロゴロしているが、タイの猫のゴロゴロ率はさらに高いように見受けられる。いや、確実にそうだ。彼らのゴロゴロには大いにサバーイを感じる。本当に心底サバーイなんだろうなぁ、と。

サバーイとは？

日本語で「快適」や「気持ちがよい」という意味だ。マイペンライ（沖縄のナンクルナイサーに近い、と編集のオイカーさんはいう）と同様、タイ人が心から大切にする感覚のひとつである。

タイの街にいると、そんなサバーイ丸出しの猫たちをよく見かける。

なんでこんなにもタイには猫が多いのだろう？

それは猫がかわいいからである。と、書いてしまうと終わってしまうのでタイ的見地から考察してみる。

まず、タイにはタンブンという考え方があるからだと思う。善なる施しをすることで徳が積まれ来世に還元される、という仏教の考え方であり、敬虔な仏教徒が多いタイでは、息をするようにこのタンブンを日々実践している人が本当に多い。

これは犬にもあてはまるのだが、飼い主でもない近所のおばちゃんが野良たちによくエサをあげている。とくにルールや担当があるわけではない。その街全体でなんとなく誰かが野良たちの面倒を見ているのだ。


街の野良犬たちは縄張り内でウロついたり、少し涼しいセブンイレブンの前に集まったりすることが多い。中型犬以上の割と大きな犬が多いので、そのサイズから行動範囲はより限られてきてしまう。

完全に自由な立場だしエサの心配もないタイの野良犬なのだが、タイの街の犬はどこか生きづらそうで悲壮感さえもあるようにうかがえる。どうも人生（犬生？）がつまらなさそうなのだ。悪いけど。

一方、野良猫。

まずライフラインのエサに関しては、野良犬と同様、タンブンの恩恵にあずかっている。何をするわけでもなくゴロゴロしていれば、近所のおばちゃんなり誰かしらがエサを持ってきてくれるのだ。

ここまでは同じなのだが、先ほどの野良犬と比べ、野良猫の方がタイの社会で断然のびのびと暮らしているようにうかがえる。これは組織の中でルールを重んじて生きていく犬より、自由を謳歌し刹那が快適であるかどうかで生きていく猫の方が、きっとタイの土壌に合っているからなのかもしれない。

次に、タイ人の猫に対する所有感のあいまいさ。これも猫が多い理由にあたるのではないだろうか。これは大きな家であればあるほどに、その傾向が強まるように思える。

以前、北部のナーンという街に行ったときのこと、私はタイの伝統的な高床式の古民家をリノベした宿に泊まった。その古民家はとても広く、高床式の下のスペースにはカフェや小さなマンガ図書室などもあるほどだった。宿にはオーナー家族に加えて猫の大家族もいて大変賑やかだった。

今改めて思い返してみると、そのオーナーと猫たちの関係は、どうもいわゆる飼い主とペットという感じではなかったように思う。猫が勝手に入ってきて、なんとなくエサをあげているうちに、いつの間にか居座るようになり、どんどん増えていった、という感じが妥当なのだ。

さすがに犬はこうはいかない。

ペットの犬が人を襲ったら大変だ。その際、半分野良だから知りません、とはならない。犬としても家族という組織の一員として何を番するか定かにしてあげないと途方に暮れてしまいそうだ。結果、犬はもう少し人間の管理が必要になり厳格なペット化が必要になる。

しかし、猫。

彼らは半ペット半野良が許される。

これは飼っている、いや、敷地内で面倒を見ている人間にとっても楽だ。それ以上に半ペット半野良こそ奔放な猫の性分に最も合っているのではないだろうか。

また、この状態をとがめるルールや、マンガ的な自治会の小うるさいおば様キャラみたいなのが発生しづらい土壌であることも大きい。

なぜならタイの社会通念上、そんな誰得な煩わしいルールよりタンブンの方がはるかに上にくるからだ。

以前、タイの友人とカフェでお茶をしていたとき、店長の女性が「今、子猫の声がしなかった？」といっては頻繁に店の外に出て行くことがあった。私は「彼女は事情あって猫を探しているの？」と友人に聞いた。飼ってる子猫が逃げたのか、鳴き声が気になるのか。すると友人は、

「彼女、すごくいい人なの」

と、真剣な眼差しを私に向けて答えた。

猫の声に反応するただの重度の猫好きなのかと思ったが、タイの人たちにとっては、小さき命を大事にする人格者となるようだ。

ところで、初めてピピ島に行ったとき、私は島の北側の小島にあるファミコン版ドラクエに出てくるような村に滞在した。そこには紺碧の空と海

と、ストローの刺さった甘くて冷たい飲み物が似合うビーチがあった。

　今このコラムを寒い寒い冬の日本で書いているのだけれども、マッチ売りの少女のようにこのビーチを思い出しては暖を取りたくなるほどに最高の場所だった。

　しかも、この最高にはオマケまであった。

　ちょうど出産シーズンだったのか、その小さな島内では子猫の群れが同時多発していたのだ。そのせいで滞在期間中の私は四六時中目を細めることになってしまった。

タイでは猫はどこにでもいる

先に書いた悠久と心地よい静寂を感じさせてくれる北部の古民家。そして原色に彩られた底抜けに開放的な南の島のビーチ。どちらにも共通しているのはゆったりと流れる心地よい時間。

そんなタイらしい光景と、ゴロゴロしている猫は実によくマッチする。

タイの豊かな時間の中で、猫はサバーイそのものなのだ。

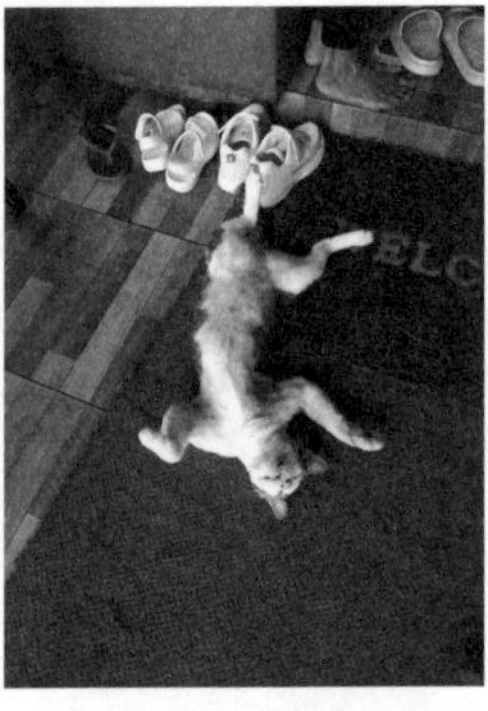

マッサージ屋の入り口で、この姿の猫

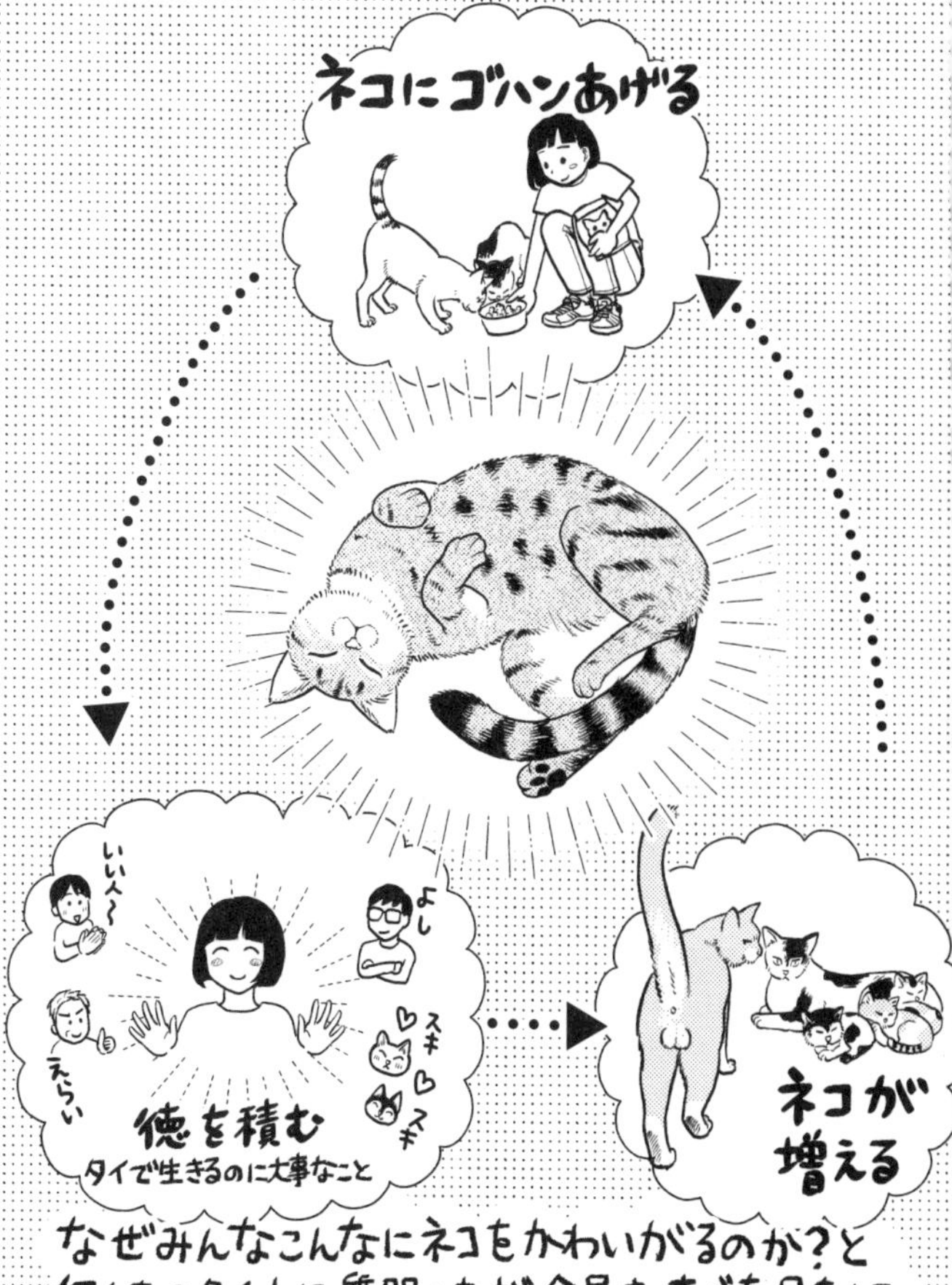
ネコにゴハンあげる
いい人〜
よし
えらい
スキ
スキ
徳を積む
タイで生きるのに大事なこと
ネコが増える

なぜみんなこんなにネコをかわいがるのか？と
何人ものタイ人に質問したが全員まっすぐな目をして
「カワイイから」「カワイイ生き物だからと」と答える…

✦早朝の市場という
リラクゼーション

朝早く起き、頭や体を使ってしっかり活動をしたあとの充実感は格別だ。この充実感はそのあとも続き、どこか余裕に満ちた状態で1日を過ごせるように感じる。そんな朝活をしている人は多くいて色んな朝活があると思うが、ここでは私が実践している朝活のひとつを紹介する。

ジュリア・キャメロンという人が提唱しているモーニングノートというものだ。

起きたらすぐにA3ノート3枚分、なんでもいいから頭に浮かんだことを書いていく。書く内容や構成は、まったくもって自由で、心配ごとでも起き抜けに見た夢でも何でもいい。あとで読み返すものでもないから脈絡もなくていいし字も汚くていい。

これをやる理由はオーバーワーク気味になった理性の抑制だ。起きてすぐに大量に文章を書くことで理性的な脳が疲れる。結果、過度に理性的なモノの考え方をしなくなる。

もちろん理性は必要なのだが、理性的な考えに囚われると心の余裕が奪われ、自信やモチベーションを失わせる心のノイズに変化してしまう。やりたいことなのに、それをやらない理由を一生懸命に探す思考につなげてしまう理性脳をわざと疲れさせる。理性脳が静まった分、より自分らしい自由な発想をもって一日を過ごせる、というのがモーニングノートの効果であるらしい。

これを毎朝やることが望ましいのだが私はたまにしかやっていない。アイディアの行き詰まりを感じたときや精神的に疲れたときなど、特効薬として私はこのモーニングノートを活用している。

ところで、タイに来るとこのモーニングノートが一切必要なくなる。

なぜ？

タイがいい国すぎて、鬱状態になることがないから？

タイが楽しすぎてアイディアが出まくるから？

南国特有の大らかさとマイペンライ精神の国民性のおかげで常に理性が麻痺しているから？

そんなわけがない。

タイにいようが日本にいようが、生きている限り落ち込むことはあるし、アイディアどころか明るい未来予想図がまったく浮かんでこない暗い日々だってある。

ではタイにいるときの私にとってモーニングノートは一切合切必要ない理由はなぜか。それ以上に効果の高いものがタイの早朝にはあるからだ。

それは市場だ。

アイディアが出てこず、メンタルがやられ気味のとき、私は頑張って早起きして市場へおもむくようにしている。

タイの朝は早い。近代都市である首都バンコクであろうと、南の楽園プーケットであろうと、片田舎の村であろうと地域差なくタイの朝は本当に早い。日の出前のまだ暗い時間帯から多くの人々が活動を開始しているのが常だ。これは大小を問わず、どの街にも市場とお寺があるからだろう。8時半ごろに市場に朝ごはんを買いに行っても、もう売り切れで店じまいなんてこともある。

朝の市場は人でごった返しているのだが、その市場に集まるのは業者だけではなく早朝の托鉢をおこなう僧の一行もいる。そこにお布施と祈祷を捧げようとする老若男女も集まる。タイの朝が早くなるのは経済活動に加えてその敬虔な信仰も理由として大いにある。

そんな市場から新鮮な血を送り出されて街は始動する。市場はその街の心臓だ。

事実、早朝から混雑する市場は瑞々しい生命の匂いや思念に満ちている。それはアロマのような上品に精製された香りや構図が練られた映え的なものではなく、野性味に溢れた非常に猛々しいものだ。

色とりどりの野菜や果物に加えて、目の前でドンドコ解体されていく各種の肉の塊、その塊になる前の籠に入れられた鳥、桶の中の魚やエビやカエル、スイカのような豚の頭を抱えた肉屋の少女が駆け足で通りすぎていく市場の通路には、ちょうど帰宅中の夜職のお姉さんたち向けのアパレルや化粧品、子ども服などが売られていたりする。加えて、働く人たちに向けて、食堂や屋台も並ぶ。

そんな混沌とした生きる力、ビビッドな活力の発信地を私は寝ぼけまなこで練り歩く。

生命と生命の混じりは五感を通して脳に直接刺激をもたらし、半ば強制的に心の新陳代謝をうながす。気づかぬうちに、古い角質のようにこびりついていた思い込みによる疑心暗鬼や悲観的な感情ははがれ落ちている。

こんなにも圧倒的な現実に朝っぱらから自身を晒していると、理性脳が勝手に作り出した不安やマイナス思考などのノイズが心底どうでもいいものになってくる。

とどめに帰って二度寝する。起きたら市場で買ってきた新鮮な果物にありつく。

結論、タイでもモーニングノートはいらない。

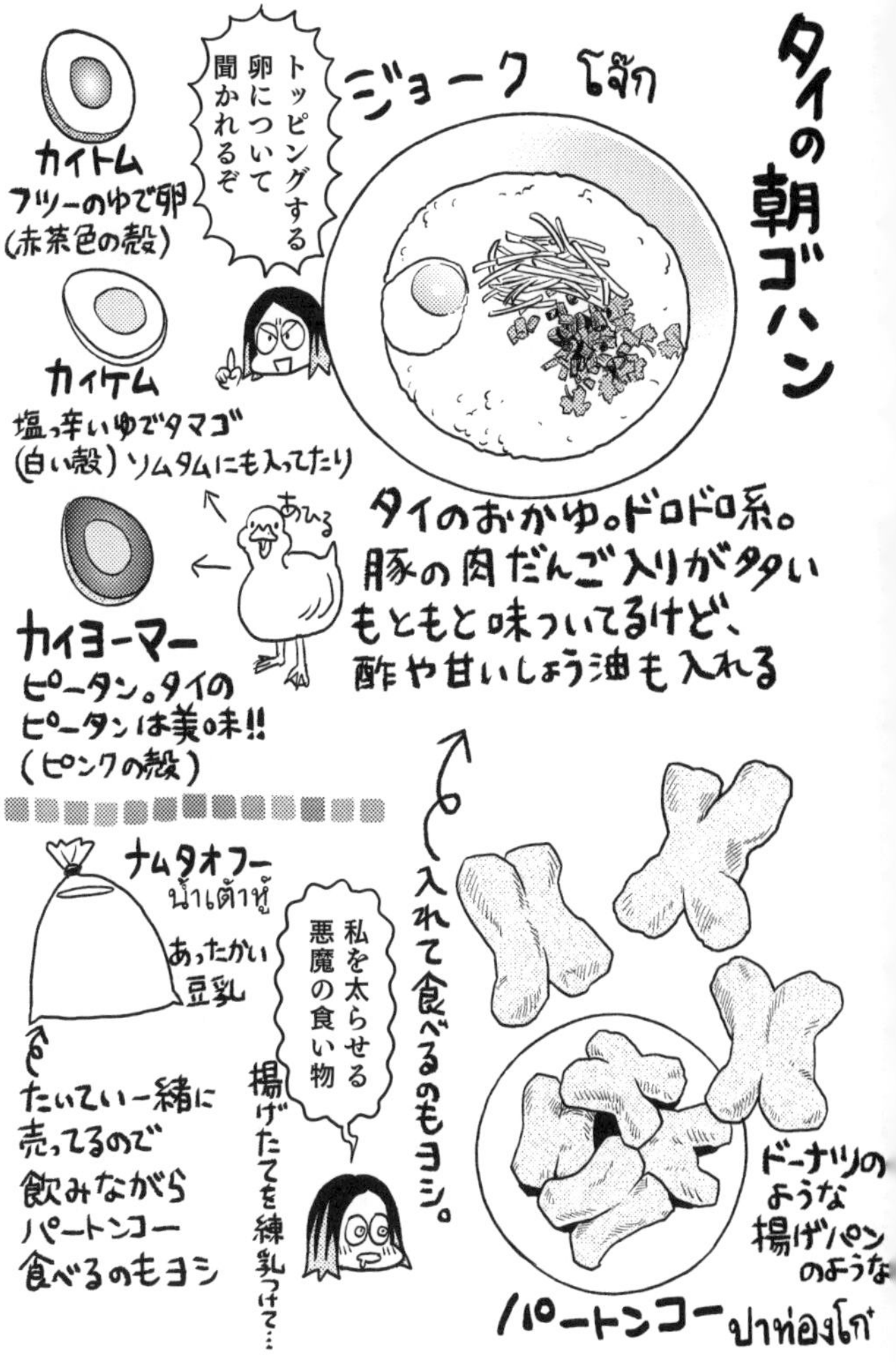
タイの朝ゴハン
ジョーク โจ๊ก
トッピングする卵について聞かれるぞ
カイトム
フツーのゆで卵
(赤茶色の殻)
カイケム
塩っ辛いゆでタマゴ
(白い殻) ソムタムにも入ってたり
あひる
カイヨーマー
ピータン。タイのピータンは美味!!
(ピンクの殻)
タイのおかゆ。ドロドロ系。
豚の肉だんご入りが多い
もともと味ついてるけど、
酢や甘いしょう油も入れる
入れて食べるのもヨシ。
ナムタオフー
น้ำเต้าหู้
あったかい豆乳
たいてい一緒に売ってるので飲みながらパートンコー食べるのもヨシ
私を太らせる悪魔の食い物
揚げたてを練乳つけて…
ドーナツのような揚げパンのような
パートンコー ปาท่องโก๋

今から私は
独断と偏見でモノをいう…
カオマンガイは
朝飯!!
ピンクだの有名店だの関係なし!!
タイに来たらとにかく…
朝早～く
その地元に古くからあるカオマンガイ屋さんに行く!朝イチに!!
とにかくできたてが美味《ウマ》い!!
ほかほか
朝一番でできたてのカオマンガイを食べる…
それはタイ現地だけの贅沢……!!

✴ タイのワンダーランド

タイの街には屋台がたくさんあるのだが、必ずしも食べたいものを売る屋台が近所で開いているとは限らない。ただ、夜市にさえ行けば目移りをしてしまうほどにオールスターが勢ぞろいしている。

ローカルな夜市は決まった曜日になると、主に近所の空き地やお寺の境内、駐車場などで開かれる。既にある店舗を使うのではなくて、日本の縁日のように都度簡易テントを建てる。

もちろん、冷やかしで歩くだけでも楽しいが、空腹であればその楽しみは倍増する。そこには揚げ物、焼き物、ごはん物、麺類、鶏肉、豚肉、牛肉、魚、カエル、虫、野菜、果物、スイーツなど、本当になんでもある。

日本のタイレストランでは見たことがないようなマイナーなタイ料理や、もはや発想の源すらわからないようなアーティスティックな創作料理などの発見も夜市ならではの楽しみだったりする。食べ物以外にも、古着や靴や小物や日用品などの屋台も出店しているので面白い掘り出し物に出会えることもある。

ところで、バンコクの私の定宿の隣には600坪ほどの大きな空き地がある。本当に真隣で6階に位置する私の部屋の窓からは、ほぼ空き地の全体を見下ろせる。普段は早朝になると表の通り側に数軒の屋台が並ぶ程度で、あとはちょこちょこ車が停められているだけ。

そんな無味乾燥で荒涼とした空き地は毎週火曜と金曜と日曜の夕方になると豹変する。

夜市だ。

夜市当日の15時ごろになると、どこからともなく出店者が集まり準備を開始する。トンカチで金属を叩く音や自家発電機のモーターの音が周囲に響き始めると近所も段々活気づく。そして日没を迎えるころ、ついさっきまでだだっ広いだけだったつまらない空き地には、色とりどりの屋台のテントがところ狭しと立ち並ぶ。

まるで移動遊園地。

それらの屋台から溢れ出す照明は、日常をビビッドなワンダーランドへと変える。

毎回こちらの夜市に出店している常連の屋台は7割ぐらいで、残りの3割は不定期だったり新規の出店だったりする。常連だとしても出店する場所はザックリとしか決まってないようで、前回は右奥にあった店が今回は中央付近に移動していたりする。

そんなマイナーチェンジもあって毎度発見する楽しみがある。

「お、日本人、また来たのか」

「唐辛子はどうする？　やっぱ止めとく？」

「今日しぼってきたオレンジは今年1番甘い。え、この前も同じこといってた？」

ちょこちょこ通っているうちに、顔を覚えてくれた店主たちが気さくに声をかけてくれる。こういう交流も楽しいしなんか嬉しくなる。気がつけば場の雰囲気と空腹からの欲求に任せ、ついつい一度には食べきれないほどの食べ物を買ってしまうこともよくある。

顔を覚えられるまで同じ夜市に通っても、食べたことのない料理やスイーツがまだまだたくさんあるのだから夜市の魅力は計り知れない。

次はアレを買おう、とか、やっぱアレも買っとけばよかったかなど、もはや恒例の後ろ髪をひかれる想いを感じながら部屋に戻り、モリモリと明らかに容量オーバーな食事を終える。

しばらくして、窓の外に目をやる。

いつの間にか隣はいつもの空き地に戻っている。というのも、こちらの夜市は20時過ぎには完全撤収してしまうからだ。

人々の活気、食べ尽くせぬほどのご馳走、声をかけてくれた店主たちとのやり取り。あの移動遊園地のような極彩色な空間は、そのすべてが幻だったかのように感じるほどに、今はただ、だだっ広いだけの空き地として夜の闇の中で横たわっている。

照らすものはもはや数本の青い街灯だけ。

そんな兵《つわもの》どもが夢の跡を窓から見下ろしながら、また次の夜市を心待ちにしている私がいる。

はるか遠く日本に帰ってきた今も、空腹になるとふと思い出す。

ああ、あの夜市さえここにあれば。

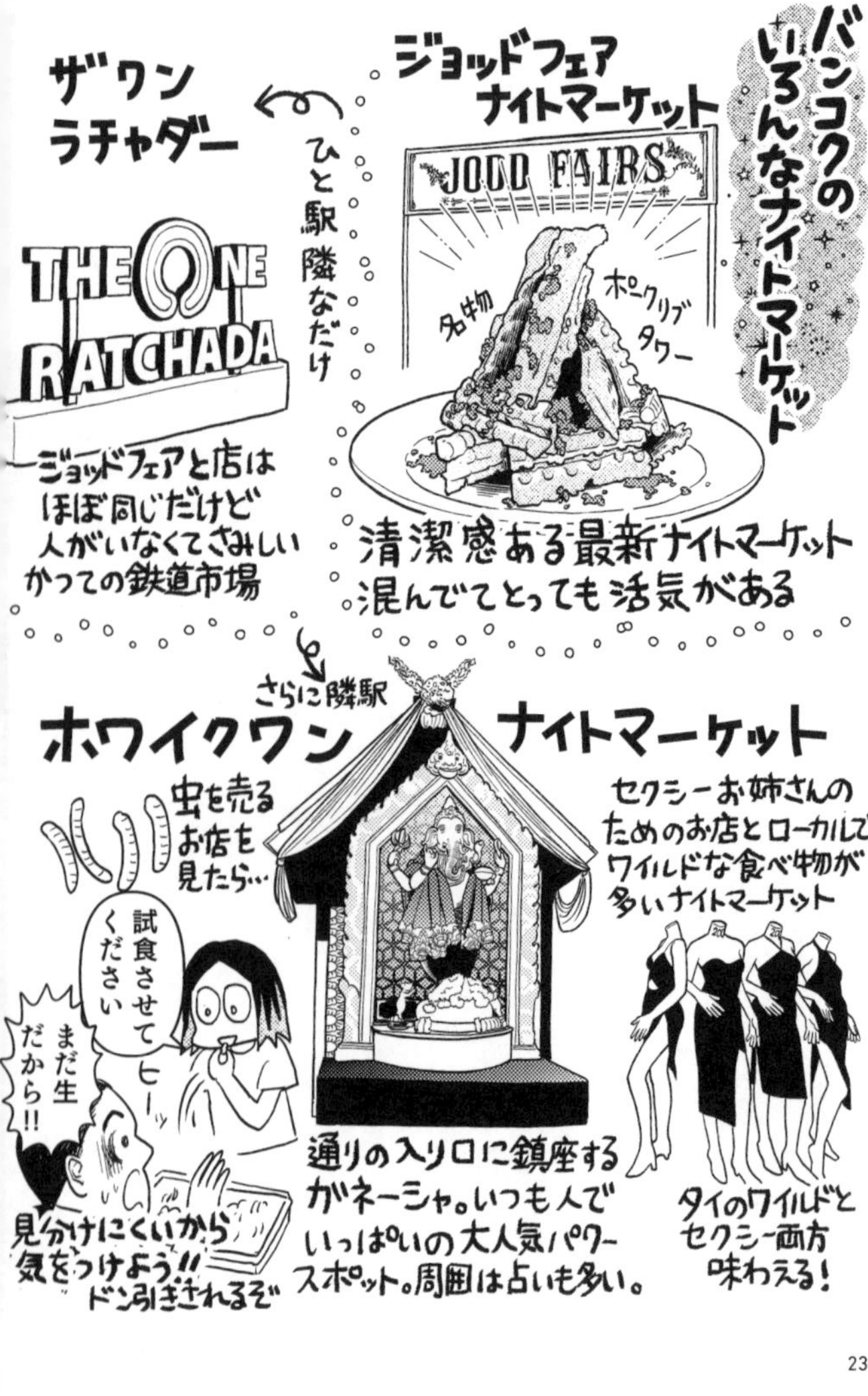
バンコクのいろんなナイトマーケット
ジョッドフェアナイトマーケット
JODD FAIRS
名物
ポークリブタワー
清潔感ある最新ナイトマーケット
混んでてとっても活気がある
ひと駅隣なだけ
ザ ワン ラチャダー
THE ONE RATCHADA
ジョッドフェアと店はほぼ同じだけど人がいなくてさみしいかつての鉄道市場
さらに隣駅
ホワイクワン ナイトマーケット
虫を売るお店を見たら…
試食させてください
ヒーッ
まだ生だから!!
見分けにくいから気をつけよう!!
ドン引きされるぞ
通りの入り口に鎮座するガネーシャ。いつも人でいっぱいの大人気パワースポット。周囲は占いも多い。
セクシーお姉さんのためのお店とローカルでワイルドな食べ物が多いナイトマーケット
タイのワイルドとセクシー両方味わえる!

今まで私が行った中で衝撃だったのがクロントムセンター付近で週末になると現れるナイトマーケット
サムヨット駅
この辺でやっている
ワットマンコン駅
夕方をすぎるとヴィンテージ品を売る人たちがその辺りに集まり名前のない大きなナイトマーケット状態になるのだ
主にこんなものが売っている
ヴィンテージTシャツ
スニーカー
タイは世界中の古着が集まる
アンティーク雑貨
音楽グッズ
日本のレコードも…
そして何よりの主力商品達は…
日本の古いおもちゃ!
たくさんのタイ人が日本のレトロな漫画・アニメ・ゲームのグッズを求めて夜な夜な大盛況している
異国の夜に溢れる日本文化への愛
タイって本当におもしろい

✴ エピローグ

タイは世界有数の観光立国だ

タイで出会った世界中の旅人たちのタイに来た目的は…
日本で空手の修業してるけど冬はタイにいるんだよ

海でのんびり
軍人なんだ戦闘に疲れた
鬼
釣り!
巨大魚いくぜ
ゴルフ
天国
美女
ウソです仕事
ムエタイ修業
夫婦で
タイ料理
タイ料理はアロマセラピーと同じなんだ!!香りに癒される
列車の旅…
日本の古い車両が…
蝶の写真家をしてる
国では医者だ
山で機織り
少数民族と
医療観光
ヒザの手術に来た
美容整形
このまま飛行機乗って帰る
日本軍の足跡を辿っています
論文を書きたい

仏像を集めてる
今日も市場に行くんだ…
呪物も集めてる
バイク旅行!
ビッグスクーターでタイ中周る
田植え
収穫の頃、また来るタイ米好き
マッサージの修業♡
師匠がいる!
少数民族を助けたいの
結界を作る方法を学ぶ
お坊さんに会いに来た
人生で一度でも一人旅がしたかった
すごく解放感あるよ
色んな人の目的を聞いて
強くなりたくてムエタイの修行に来たんだけど…
練習だけでなく休む大切さを教えられた
ほほう
瞑想をしに寺に行くことにしたんだ
そんなタイの楽しみ方があるのか…!!
と、毎回感心した
なんかうらやま…
私もタイで何かしてみたいなぁ
マリコ…
ジュース屋さんのレン

日本人はいつも忙しくて真面目なんだろ？
そうだねなかなか休めないね
せっかくこの国に来たなら
まずは何もしない……何も考えないでのんびりしたらどう？
遊ぶんだよ
誰だって子どもみたいに遊ぶことが必要だろ？
トラン　タムレーカオコップ洞窟

さすが……
タイ人は
休むのが
うまいから…
休まないと
やりたいことも
できないだろ
週末
水上マーケットに
行かない？
おしまい

きっとタイには
あなたの「したい」が
何でもある。

ちょこっと
勇気を出して
飛びこんで
みたら

おもしろい世界に
迷い込める!!

本作品は当文庫のための書き下ろしです。